梁晶　吕靖 / 编著

王杰 / 主审

技术经济学

JISHU JINGJIXUE

大连海事大学出版社

DALIAN MARITIME UNIVERSITY PRESS

图书在版编目(CIP)数据

技术经济学 / 梁晶,吕靖编著. -- 大连 : 大连海
事大学出版社,2024.10. -- ISBN 978-7-5632-4590-1

Ⅰ. F062.4

中国国家版本馆 CIP 数据核字第 20246E2D71 号

大连海事大学出版社出版

地址:大连市黄浦路 523 号 邮编:116026 电话:0411-84729665(营销部) 84729480(总编室)

http://press.dlmu.edu.cn E-mail:dmupress@dlmu.edu.cn

大连金华光彩色印刷有限公司印装   大连海事大学出版社发行

2024 年 10 月第 1 版   2024 年 10 月第 1 次印刷

幅面尺寸:184 mm×260 mm   印张:8.25

字数:205 千   印数:1~1500 册

出版人:刘明凯

责任编辑:王桂云   责任校对:王 晶

封面设计:解瑶瑶   版式设计:解瑶瑶

ISBN 978-7-5632-4590-1   定价:21.00 元

内　容　简　介

　　本书根据教育部对高等院校技术经济学课程的教学要求，借鉴国内外相关学科知识，系统阐述了技术经济学的基本概念和基本原理；对技术经济分析评价方法及其应用、风险及不确定性分析、设备更新的技术经济分析进行了重点介绍；此外，还介绍了投资项目的财务评价、国民经济评价、投资项目可行性研究的相关理论知识。其内容力求在介绍一般技术经济分析方法的基础上，尽可能结合水运企业的具体实际情况进行案例分析，具有较强的实用性和操作性。

　　本书可作为高等院校各专业本科生技术经济学课程的教材及教学参考书，也可作为从事水运行业及其他有关科研、设计、生产部门的技术人员、工程咨询人员、企业管理人员以及各类相关业务培训班参考和自学用书。

前　言

　　技术经济学是研究技术领域经济问题和经济规律、技术进步与经济增长之间相互关系的科学,既是介于自然科学与社会科学之间的边缘学科,也是现代管理科学中的一门综合性学科。

　　本书是编者总结多年的教学与实践经验,参考了大量国内外专家学者著作,吸收了近年来技术经济学科发展的新成果修订编写而成的。本书的主要任务是研究水运行业中各种技术方案经济效果的原理和方法,结合水运行业特点,把技术与经济有机地联系起来,形成一个统一评价体系。编写本书是为了适应高等院校管理类专业及陆上其他各相关专业的学生学习技术经济理论的需要。

　　在本书的编写过程中,编者力图通过对技术经济学的介绍,使读者了解和掌握技术经济学的基本原理和基本方法;理解现金流量、资金的时间价值、等值等基本概念;能够运用现值分析法、年值分析法、内部收益率法、投资回收期法等技术经济分析评价方法解决实际问题;掌握如何进行盈亏平衡分析、敏感性分析、概率分析等不确定性分析;了解设备更新的基本概念与理论,掌握设备更新的分析方法;能够进行投资项目的可行性研究,熟练掌握财务评价和国民经济评价的整个过程。

　　本书的编写具有如下特点:

　　第一,在理论与方法的阐述上,注重理论的完整性与方法的系统性。编者多年来一直从事技术经济学的教学与研究工作,对本学科的理论与方法有一定深度的理解,在参考国内外同类教材并结合我国实际的基础上形成了较为完整的理论与方法体系。

　　第二,在内容处理上,本书注重概念清楚、理论结合实际并力求分析全面,特别注重突出本书的实用性。本书对各类技术经济分析方法的介绍,都是通过大量实例的分析来完成的,使读者对每个问题的认识能够达到一定的深度,为读者在实践中灵活运用各类技术经济分析方法打下坚实的基础。

　　第三,注重结合水运实际。本书中的许多实例均是结合我国水运业,尤其是港航企业的实际技术经济案例展开分析的。

　　第四,强调知识的新颖性。本书吸收了技术经济领域国内外理论与实践的新内容,反映了我国财务制度、税收制度、投资体系和企业体制改革的新要求。

　　技术经济学这门课程的开设对于提高各专业学生的综合素质、改善学生的知识结构、提高学生的竞争力非常重要。学习本书可以使学生了解、掌握技术经济学的基本原理和方法,对实际问题具有分析、判断和决策的能力。

　　最后,衷心感谢本书所借鉴的国内外有关著作的原作者们,同时感谢在本书出版过程所有给予帮助的各位老师和同学们。由于编者水平有限,书中难免存在缺点与不足之处,敬请读者提出宝贵意见。

编　者

2022 年 6 月于大连

目　录

第一章
绪 论

学习要点

1.掌握技术经济学的基本概念；
2.了解技术经济学的产生和发展过程；
3.了解技术经济学研究的对象和内容；
4.理解技术与经济的关系；
5.掌握技术经济决策分析的步骤。

第一节　技术经济学概述

一、什么是技术经济学

技术经济学（Technological Economics）是工程技术科学与经济科学的交叉学科，是一门研究技术领域经济问题和经济规律及研究技术进步与经济增长之间的相互关系的学科。技术经济学是关于决策论证的科学，主要解决技术方案的经济效果评价问题。它是应用经济学的一个分支，是以工程技术为研究对象的经济学，依据经济目标对工程技术方案进行优化选择，是现代科学技术发展与社会经济发展相结合的产物。

技术经济学具有一般经济学科的共同特点。经济学是研究有限的资源如何配置才能取得最佳效果的科学。技术经济学也不例外，它同样研究资源的有效配置问题，但不是一般意义上的研究，而是针对具体的工程技术项目进行的经济研究。

二、技术经济学的研究对象和内容

在西方一些经济发达国家，与技术经济学相类似的学科一般称为"工程经济学"（Engineering Economics）。其主要研究的内容最初是工程技术的经济效果，后来，逐渐拓宽为人们在社会生产实践中，以及在国民经济发展建设中所遇到的各类问题的经济效果。对于这类问题的研究在一些工程技术领域人们也叫它可行性研究,也有人将其称为决策科学。在国内关于技术经济学的研究对象一直有一些争论,但大体上可分为以下三个主要方面。

1.技术的经济效果

技术经济学是研究技术实践的经济效果,寻求提高经济效果的途径与方法的学科。在这个意义上,技术经济学亦可称为技术的经济效果学。

这里所说的技术是广义的,是指把科学知识、技术能力和物质手段等要素结合起来所形成的一个能够认识自然、改造自然的有机整体系统。在人类社会的物质生产活动中,技术的使用直接涉及各种社会物质资源的投入与社会产品和服务的产出;而如何最有效地利用各种稀缺有限的资源以满足人类社会不断增长的物质文化生活的需要是经济学研究的基本问题之一。技术的经济效果学就是研究在各种技术的使用过程中,如何以最小的投入取得最大的产出的一门学科。投入和产出在技术经济分析中可以归结为用货币量计算的费用与效益,因此,也可以说技术的经济效果学是研究技术应用的费用与效益之间关系的学科。

2.技术与经济的相互关系

技术经济学是研究技术与经济的相互关系,探讨技术与经济相互促进、协调发展的学科。技术与经济是人类社会发展不可缺少的两个方面,其关系极为密切。

一方面,发展经济必须依靠一定的技术手段,科学技术永远是推动经济发展的强大动力。人类社会的发展历史雄辩地证明了这一点。18世纪末,从英国开始的以蒸汽机的广泛应用为目标的工业革命,使生产效率提高到手工劳动的4倍。到19世纪中叶,科学技术的发展已使生产效率提高到手工劳动的108倍。20世纪40年代以来,科学技术迅猛发展导致的社会生产力的巨大进步更是有目共睹的。另一方面,技术总是在一定的经济条件下产生发展的,经济上的需求是技术发展的直接动力,技术的发展进步要受到经济条件的制约。众所周知,任何技术的应用,都伴随着人力资源和各种物力资源的投入,都必须依赖于某种特定的相关经济系统的支持。只有经济发展到一定的水平,相应的技术才有条件得到广泛应用和进一步发展。例如,蒸汽机,从它的发明到被广泛应用就经历了80年之久的时间。

技术与经济之间这种相互渗透、相互促进又相互制约的紧密联系,使任何技术的发展和应用都不仅是一个技术问题,而且是一个经济问题。研究技术与经济的关系,探讨如何通过技术进步促进经济发展,在经济发展中推动技术进步,是技术经济学责无旁贷的任务,也是技术经济学进一步丰富和发展的一个新领域。

3.技术进步对经济增长的促进作用

技术经济学是研究如何通过技术进步推动经济发展,进而获得经济增长的学科。所谓经济增长是指在一国范围内,生产的商品和劳务总量的增长,通常用国民收入和国民生产总值来表示。经济增长可以通过多种途径来取得。例如,可以通过增加投入要素、增加投资、增加劳动力的投入等来实现经济增长;亦可通过提高劳动生产率,即提高单位投入资源的产出量实现经济增长。十分明显,资金和劳动力投入的增长速度会直接影响经济增长的速度。但是,各国的经济发展历史表明,经济增长的速度与科学技术的发展也有密切的关系。人们发现,在工业发达的国家,后期与前期相比,产出量增长的差额往往大于投入要素增长量的差额,显然,这是技术进步因素的作用所致。技术进步能够促进经济增长,且对经济增长有巨大的推动作用这一事实如今已为人们广泛认识。

在当今世界,技术进步已成为影响经济发展的重要因素,依靠技术进步促进经济发展已为人们所共识,这也是我国今后经济发展的必由之路。技术经济学所要研究的一个重要方面就是研究我国技术进步与经济增长的关系,探索如何通过技术进步来促进经济增长。

总之,通过技术经济学所研究的三个主要领域,可以看出,技术经济学这门学科是随着当今社会经济及科学技术的发展所产生的学科。随着我国社会的进步和国民经济的发展,它必将有着更为广泛的应用领域与发展前景。

三、技术经济学的产生与发展

国外早就有类似的学科,即工程经济学。这门学科产生于 20 世纪 30 年代的美国。1930年,格兰特(E.L.Grant)发表《工程经济学原理》(Principles of Engineering Economy)一书,比较完整地论述了工程经济的基本原理。从此,工程经济学开始形成独立经济学科,格兰特因此被称为"工程经济之父"。1931 年,美国在开发田纳西河流域规划中创立了"可行性研究方法"。后来,美国政府先后通过了两部法律,即《洪水治理法》与《河流与港口法》,将这一类项目的事先评价用法律的形式固定下来。由于工程经济学为工程项目建设进行科学的分析评价提供了一套科学可行的思路和方法,因此一直备受工程技术人员和企业家的欢迎。

技术经济学是一门我国所特有的学科。技术经济学在我国产生于新中国成立初期,当时主要是研究技术的经济效果。在 20 世纪 50 年代初期的大规模经济建设过程中,我国从苏联引进技术经济分析和项目论证方法,在我国"一五"计划的项目建设期间对各重点项目进行技术经济分析论证。20 世纪 60 年代初,在我国第二部科学技术发展规划(《1963—1972 年科学技术发展规划》)中明确提出:任何科技工作,必须既有技术上的优越性,又有经济上的合理性。要求在科学技术工作中结合各项技术的具体内容对技术方案的经济效果进行计算和分析比较。所有这些都充分显示出技术经济分析在我国国民经济的发展中具有重大的实用价值。

改革开放以来,曾经中断十几年的技术经济学研究又有了新的发展。近年来在引进、消化、吸收国外工程经济理论方法的基础上,结合我国的实际情况创立了我国独有的技术经济学学科体系。如今在我国的各种建设项目中,无论是国家重点建设项目、引进外资项目,还是各部门、各企业进行的各类经济建设项目,都要进行技术经济分析和技术经济论证。

第二节 技术经济决策分析

一、技术经济学的特点

1.综合性

技术经济学是技术科学、经济科学、管理科学及系统科学之间相互交叉渗透的边缘科学。技术是基础、手段,经济是目的、核心,技术经济分析要以系统的思想为指导,它研究的是技术的经济合理性,即技术与经济的关系问题。在技术经济分析中必须综合考虑技术、经济、社会和资源等多方面的因素及其相互之间的关系,重点是分析技术的先进性、适用性和经济合理性。因此,从事技术经济科学研究的人员必须具备多方面的学科知识,除了要掌握有关自然科学、生产技术知识外,还必须掌握有关政治学、经济学以及经济核算等方面的知识。这就形成了技术经济学综合性的特点。

2.系统性

技术经济的研究对象是一个多目标体系,由许多目标和诸多因素构成,这些目标和因素相互影响、相互制约,构成一个有机整体。因此,在进行技术经济分析与评价时,必须把研究对象视为一个整体系统,用系统的思想和系统的方法去进行研究,从整体的角度出发,周密地分析各个因素和各个环节,这样才能做到分析透彻、评价合理、方法有效、结论科学。

3.实用性

技术经济学是一门理论与实际相结合,侧重于应用的经济科学。它的研究对象是市场经济中的实际工程项目和各种技术经济方案;它所采用的理论和方法是为了解决生产实践中提出来的实际问题;它的研究成果,通常表现为规划、可行性研究报告、建议书及具体的技术方案等形式,这些都将直接应用于生产实践中。所以技术经济学具有很强的实用性,通过技术经济分析,能最大限度地合理利用资源,提高企业的经济效益和社会效益。

4.不确定性

技术经济分析是在方案实施之前进行的。因为任何一个方案在实施之前均存在一些未知因素、未知数据和预想不到的偶然情况,因此,对于实施前的某些未定因素和数据,在进行技术经济分析时往往要用科学的预测技术和方法进行预先的估计、假设、推理和不确定性分析,使分析研究尽量符合未来的实际,提高方案的科学可靠程度。

■ 二、技术经济决策分析步骤

在许多情况下,决策者仅仅依靠主观意志来解决其所要达到的目标或所要完成的任务往往是不可能的。一个合理的技术经济决策的制定是一个包含诸多基本要素的复杂过程,主要包括以下方面。

1.认识问题

任何合理决策的确立,都起始于对存在问题的认识。只有认识到存在着问题,才能按照正确合理的方向去解决问题。在典型的情况下,认识问题比较明显直接,如船舶压港、港口机械损坏、机械设备零件供应脱销;支票透支等,都会导致对问题的认识,一旦发现问题的存在,就可以着手去解决它。

值得注意的是,有些问题产生于企业的外部环境,企业无从控制,例如,一项新的法规或政策的确立,对企业可能产生严重的影响。也有一些问题发生在企业的内部,例如,错误生产方案的实施就是企业内部造成的问题。但是,问题存在的事实必须由能解决问题的人们去认识,认识到存在着问题是解决问题的第一步。

2.确定目标

从某种意义上说,每个问题都会妨碍企业完成预定的目标,如果某航运企业的目标是开辟某一新的航线,则凡是妨碍此目标实现的每一种情况都会被视为问题。与此相类似,就港口企业而言,如果企业的目的是盈利,则问题就是那些妨碍企业达到预定获利目的的事件,因此,规定目标就是确切地说明任务和目的。

3.收集有关数据

要想做出好的决策,必须首先收集好的信息资料。收集信息数据是一项既困难又复杂的工作,除已发表的资料信息外,还有大量的资料没有付诸出版,而是作为个人的知识和经验储存起来,所有这些资料的收集都需要做大量的艰苦工作才能完成。

确定哪些数据重要、哪些数据不重要是一项复杂的任务。可用的数据又进一步使这项任务复杂化:有些数据是现成的,用不着什么代价就可得到;有些数据通过请教具有专业知识的人可以得到;而收集另一些数据则需要调查研究。实践证明,使用后面的两种方法收集资料是一项既费钱又费时间的工作。

在收集和选择有关数据时,分析人员常常需判断某项资料的价值是否值得为之付出代价。在决策过程中,一般会发现收集有关的数据是决策过程中较难的一部分。在技术经济决策中,数据的一个重要来源是企业本身的财务系统,这些数据必须经过仔细检查。在公司营业中,财务和成本计算的编制要反映费用流程。经常性费用或者间接性费用一般常用规定的分摊方法分摊到公司营业和产品中去。对成本计算目的来说,结果常常是令人满意的。但是,用在经济分析中就可能不正确了。在经济分析中,必须确定替代方案之间的真正差别,要做到这点可能需要对成本计算数据做些调整。

4.确认可行性方案

为了做出决策,必须有替代的方案。经过一番思考之后,一般总会想出达到某个目标的种种方法。但是,在寻找替代方案的过程中,始终会有忽略掉最佳方案的危险。如果是这样,就会处于能够做出最佳选择却不会得到最佳效果的境地。无法确保最优方案一定在考虑的方案之中,但是,实际中一般都能罗列出所有的方案,并能提出创新的解决方法。

罗列替代方案总会找到实用的和不实用的两类方案。认真考虑不实用的方案是徒劳之举。一种方案可能因下述种种原因成为不可行的方案,诸如:违反了基本的科学规律;所要求的资源或材料无从获取,或者在规定的时间内不能得到。经过筛选,只留下可行方案,作为进一步分析的方案。

应当记住,除非考虑的最佳方案,否则结果总是不理想的。有两种替代方案往往被忽略:第一,在许多情况下,可行的方案正是原封不动的方案。它可能是"继续做现在正在做的事情"的方案,也可能是"在这个问题上不花一分钱"的做法。第二,常常会有可行的、但是没有吸引力的方案,诸如"对付将就着用一年再更换"的方案。

5.选择判断方案的准则

决策的主要任务是在替代方案中进行选择。如何进行选择呢?当然,谁都想选择最好的方案,可是只有在确定什么是"最好"含义的情况下才能做到这一点,也就是说,必须有一个判断最好方案的准则。"最好"是一个相对的形容词,位于"最劣、较劣、劣、好、较好、最好"词语系列的一端。因为我们是在与相对的名词而不是绝对值打交道,所以只能做出相对的最令人满意的选择。

6.建立目标、方案、数据和成果之间的相互关系

在做出决策过程的某个阶段应将各种要素归纳起来,目的、有关数据、可行性方案和选择

准则必然分不开,其间的关系可能是模糊又复杂的,就像判断某一国内决策对世界和平的影响一样,也许不可能有意义地使其付诸文字。

建立决策要素之间的内在关系常常被称为模式结构或建立模型。对一位工程师来说,模型有两种:一种是实际事物或体系按比例的实体模型;一种是表达想象的内在关系的数学方程式。在实验室里可能有实体模型,但在决策过程中,有时是数学模型。在模拟过程中,通常只表示实际系统中对面临问题具有重要意义的那一部分。

7.预测各方案的结果

技术经济分析的目的是选出最优方案,既然希望选出最佳方案,就必须列出各方案的计算结果,以便对各方案进行比较。第一步是确定各方案的费用与收益的结果,并用资金数额的形式表示出来,全部市场和市场以外的结果均需要这样做。无形的结果不能进行数字计算,在将要考察的初始问题中,费用和收益在一个短期内发生时,可以当作它们同时发生来处理,在其他情况下,各种费用和收益在较长的时期内发生,结果可能是定期收益出现在某个时刻费用投入之后,把这些转换成现金流程表,借以表示各种费用和收益的时序,许多方法(现值法、年金法、收益率法等)可以把各替代方案的现金流程表转化为可比较的数值。

8.选择达到目标的最好方案

选择最佳方案就是决定哪个方案最符合选择标准,这是一个重要的方面,但不是唯一要考虑的,由于各方案的无形结果在数字计算时都忽略了,现在应纳入决策过程。

9.成果的事后审计

在任何一个营业制度中,重要的是应使结果与计划合理一致。如果为了既节省劳动力,又能提高质量,而买了一台新设备,接下来要做的只是查看一下是否实现了节约的目的。如果实现了,那么经济分析决策就是正确的;如果没有达到节约的目的,则应当考虑疏漏在哪里。这种事后审计可以帮助确保预期的营业利益。另外,经济分析计划可能过于乐观,也要知道事实是否如此,以便今后避免这些错误的发生。

· 重要概念 ·

技术经济学;技术经济决策分析。

练习题

1.什么是技术经济学? 技术经济学的特点是什么?
2.技术经济学的研究对象和内容是什么?
3.技术经济决策分析的步骤是怎样的?

第二章
资金的时间价值

🔍 **学习要点**

1. 深刻理解资金时间价值的概念；

2. 熟练掌握现金流量表的编制和现金流量图的绘制；

3. 掌握净现金流量的计算方法；

4. 掌握利息与利率，特别是名义利率和实际利率的计算方法；

5. 熟练运用各种资金的等值计算，以及复利表的应用。

资金具有时间价值，这已为当今社会人们所共识。然而，如何正确理解资金时间价值的概念，如何理解等值的概念，如何利用各种不同的等值公式计算现金流量，这些是技术经济分析以及进行各种不同投资方案的经济论证的重要基础。

第一节 现金流量与现金流量图

在技术经济分析中，决策方案的费用和效益在许多情况下往往可能会持续一段时间。例如订造的新船，其费用支出从建造期间的资金投入、运营期间的各种费用的支出通常要持续二十几年，其效益运费收入也要持续相同的时间，即只要船舶仍在营运，效益和费用就要发生。在这种情况下，不能把各种费用与效益结果简单地直接相加，而是要把各种费用与效益均表示为不同时间的现金流入和支出。这种表示现金流入和支出的方法就是现金流量。

一、现金流量

对于运输经济系统而言，投入的资金、花费的成本、获取的收益，都可以看成是以货币形式（包括现金和其他货币支付形式）体现的资金流出或资金流入。在投资分析中，把各个时点上实际发生的这种资金流出或资金流入称为现金流量（Cash Flow），流出系统的资金称为现金流出，流入系统的资金称为现金流入，而同一时点上的现金流入与现金流出之差称为净现金流量(Net Cash Flow,NCF)。技术经济分析的目的就是要根据实际技术经济系统所要达到的目的和所拥有的资源条件,考察系统在从事某项经营活动过程中的现金流出与现金流入,选择合适的投资方案,以获取最好的经济效果。

现金流量可以通过现金流量表和现金流量图的形式表示出来。

二、现金流量表

现金流量表是以表格形式表示资金的流入、流出与时间的关系,所以可以将每次收支的性质同时标出。因此,现金流量表是在技术经济分析论证中用以计算各种评价指标的基础。

例 2-1:某海运公司打算购买一种价值 30 000 元的船舶设备,付款方案有两种:

(1)一次支付全部货款,这时可打 3% 的折扣;

(2)先支付 5 000 元,第一年支付 8 000 元,以后 4 年每年支付 6 000 元。

如果将其转换成现金收入和支出,表明每项收入和支出的时间顺序,这种形式就是现金流量。这两种方案的现金流量分别如表 2-1 所示。

表 2-1　现金流量表

方案(1)	年	0	1	2	3	4	5
	现金流量(元)	−29 100	0	0	0	0	0
方案(2)	年	0	1	2	3	4	5
	现金流量(元)	−5 000	−8 000	−6 000	−6 000	−6 000	−6 000

在技术经济分析中,一般把第一年年初定为"0"时,并用"+"号表示收入,用"−"号表示支出。

三、现金流量图

由于投资决策中项目评价的动态计算,要求将计算对象如项目使用期内所发生的收益与费用,按照发生时间的顺序排列,即变换为有确定时间概念的现金流,而反映和表达这种转变的有效工具,就是现金流量图。现金流量图是某一系统在一定时期内各个时间点现金流量的直观图示方法。

现金流量图的画法就是以水平线为时间轴(横轴),并画出相等的距离,自原点开始向右方向递增表示时间的历程,时间一般以年为单位,用 0,1,2,3…表示,相对时间坐标画垂线箭线,代表不同现金流量情况,箭头向上表示现金流入,向下表示现金流出,线段的长度依现金流量的绝对值大小按比例画出。例 2-1 的现金流量图如图 2-1 和图 2-2 所示。

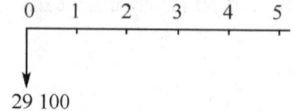

图 2-1　例 2-1 中方案(1)的现金流量图　　图 2-2　例 2-1 中方案(2)的现金流量图

对于一般的航运生产经营活动来说,投资、成本、营运收入、税金和利润等经济指标是构成其经济系统现金流量的基本要素,也是进行投资分析最重要的基础数据。

第二节　资金的时间价值概述

任何工程技术方案的实施与运行,都存在着一个时间上的延续。资金的投入与收益的获取构成一个时间上的有先有后的现金流量过程。因此,要客观地评价一个工程技术方案的经济效果,就不得不考虑不同时间的现金流量,即不仅要考虑资金流出与流入的数额,还必须考虑资金流量发生的时间。为说明什么是资金的时间价值,首先来看下面这样一个案例。

假如对 1 000 元有两种选择方案:一是现在就拿到这 1 000 元;二是一年以后拿到。那么,显然人们都会选择立即拿到,因为这是肯定可以到手的。然而,假如确信一年以后肯定会得到这 1 000 元,那又该如何选择呢?稍加思考,人们还是会决定现在就拿到这 1 000 元更好。如果现在拿到这笔钱,就可以多得到一年的使用权,如果现在用不到这笔钱,则可以让别人去用它。资金的使用权是宝贵的——其宝贵程度使得人们愿意花钱去获得它,银行支付利息以使用人们的资金就证实了这一原理。假如现行的银行利率为年利 5%,那么现在存入银行 1 000 元,一年以后将得到原来的 1 000 元,连同 50 元的利息,共计 1 050 元。这个例子证明资金有时间价值,我们宁愿今天要 1 000 元,而不要许诺下的一年以后的 1 000 元。

上述案例说明,在不同的时间支出或收益同样数额的资金在价值上是不等的,也就是说,资金的价值会随着时间的不同而发生变化。那么,究竟什么是资金的时间价值呢?资金的时间价值就是相同的资金在不同时间点上所表现出的不同实际价值的差值。

从经济学的角度出发,在理解资金的时间价值时,应注意以下几方面问题。

第一,资金的时间价值是随着资金的不停运动而产生的,即将资金投入生产或经营过程中,由于资金的运动(流通—生产—流通)可以产生一定的收益或利润,从而使资金增值,资金在这段时间内所产生的增值就是资金的时间价值。

第二,只有考虑到资金的时间价值才能对投资效果进行科学合理的分析评价。对于生产经营中出现的盈利与亏损不能只从账面价值核算,如果不考虑资金的时间价值,则很难说明盈亏情况,因为同样数额的资金由于使用、运作和收回的时间不同,资金时间价值也不相同。

第三,资金的时间价值大小取决于多方面因素,如通货膨胀因素,即对货币贬值造成的损失所应做的补偿;风险因素,即对因风险的存在可能带来的损失所应做的补偿。

第四,资金的时间价值既是绝对的,又是相对的。任何资金都具有时间价值,这是它的绝对性;其相对性则表现在多方面,不同的时期,不同的地区,资金的时间价值不同。生产力高度发展的现代社会,资金的时间价值要远远大于过去,经济发达及劳动生产率较高的地区,资金的时间价值也较大。资金的时间价值的大小与生产力发展水平有关,与部门的特点有关,也与主观努力有关。

总之,正确地认识和运用资金的时间价值这一原理是非常重要的。对资金时间价值的原理的理解与认识,能够使人们更为清楚地认识资金的本质,在资金的投资与运用中加强时间观念,做到科学、合理、有效地使用资金,以获取更大的经济效益。

第三节　利息与利率

一、利息与利率

利息是资金时间价值的一种表现形式。它一般有两方面的含义：其一是就使用资金而言。如果从银行或金融部门得到一笔资金的使用权，这笔资金通常称之为本金，那么使用资金所付出的成本费用，就是利息。其二是就借贷者而言。如果将资金交与他人使用，也就相当于损失了自己对资金的使用权，作为对这种损失的补偿，需要收取他人使用资金的费用，这也是利息。

利息通常是用利率来计算的。利率是在一段时间内（如年、月），这段时间通常称之为计息周期，所得到的利息额与借贷资金额（即本金）之比，一般以百分数表示。

二、单利与复利

所谓单利，就是在计算利息时，仅使用本金计算利息，利息本身不再计算利息的计利形式。在单利计利形式下，利息总额与本金、利率以及计息周期成正比例关系。其计算公式为：

$$I_n = P \cdot n \cdot i \tag{2-1}$$

式中：I_n——第 n 期的总利息；

P——本金；

n——计息周期数；

i——利率。

第 n 期末本利和为：

$$F_n = P + P \cdot n \cdot i = P(I + in) \tag{2-2}$$

所谓复利是指计算利息时，用本金和前期利息之和进行计息，即利息作为新的本金再生利息。按复利方法计算利息时，不仅本金要逐年计息，而且利息也要逐年计息。它具有重复计利的效应，俗称"利滚利"。复利计算的本利和公式为：

$$F = P(1+i)^n \tag{2-3}$$

银行存款中的活期储蓄利率、贷款利率等都是按复利计息的。

由于复利计息符合资金的实际运行状况，因此在投资分析中，一般均采用复利计息。复利计息有间断复利和连续复利之分。如果计息周期为一定的时间区间（如年、季、月），并按复利计息，称为间断复利；如果计息周期无限缩短，则称为连续复利。从理论上讲，就整个社会而言，资金是在不停地运动的，每时每刻都通过生产和流通在增值。但是在实际金融活动运作中，计息周期不可能无限缩短，因而都采用较为简单的间断复利计息。

三、名义利率与实际利率

在复利计算中，当计息周期与付息周期不一致时（往往是前者小于后者），就会产生名义利率与实际利率的问题。

名义利率:不考虑复利效果的年利率,即计息周期利率与付息周期内的计息周期数之乘积。

实际利率:考虑复利效果的年利率,即计息周期实际发生的利率。

例如,某人存入银行 100 元,利率为 5%,复利计息期为半年,年末存款共有多少本息? 按 5%利率,半年一期计算复利的意思是银行每隔 6 个月交付 2.5%的利息,即 6 个月后可有 $0.025 \times 100 = 2.5$(元)的利息,6 个月后又以本金 $100 + 2.5 = 102.5$(元)计算利息,这时又可得到 $2.5\% \times 102.5 = 2.56$(元)的利息,从而年末账上共有 $102.5 + 2.56 = 105.06$(元)。从本例中可知年初存入 100 元,一年后本利和为 105.06 元,利息为 $105.06 - 100 = 5.06$(元),这样利率为 5.06%。因此,现在有两个利率,一个为 5%,一个为 5.06%,这就是名义利率与实际利率。名义利率与实际利率的产生主要是由于计息周期数与付息周期数不一致而引起的。由于银行 6 个月支付 2.5%的利息,它的名义利率为 5%,而年初存入 100 元,一年后可增加到105.06 元,利息为 5.06 元,使得实际利率为 5.06%。

用 r 表示名义利率,i 表示实际利率,m 表示一年中的计息次数,则一年的本利和为:

$$F = P(1 + \frac{r}{m})^m \tag{2-4}$$

一年的利息为:

$$I = F - P = P(1 + \frac{r}{m})^m - P \tag{2-5}$$

实际年利率为:

$$i = \frac{F - P}{P} = (1 + \frac{r}{m})^m - 1 \tag{2-6}$$

这就是名义利率与实际利率之间的关系。

第四节 等值公式

一、等值

所谓等值,就是指在考虑资金时间价值的情况下,不同的时间所发生的不等的资金额可能具有相等的价值。例如,现在的 100 元与一年以后的 105 元,其钱的数额并不相等,但如果按 5%的年利率将这笔钱存入银行,则一年后可得到 105 元,即现在的 100 元与一年后的 105 元是等值的。

为了进一步弄清等值的概念,首先来考虑这样一个例子。假设借了 5 000 元的贷款,条件是 5 年之内还清本利,利率为 6%。对这样一笔贷款有许多种归还的方法,为简化起见,这里仅举出四种常见的方法,如表 2-2~表 2-5 所示。

表 2-2 方案 1：每年年末还本金 1 000 元加上应付的利息 单位：元

年度	年初所欠本金	所欠年息	年末所欠本利总额	本金支付	年末支付本息和
1	5 000	300	5 300	1 000	1 300
2	4 000	240	4 240	1 000	1 240
3	3 000	180	3 180	1 000	1 180
4	2 000	120	2 120	1 000	1 120
5	1 000	60	1 060	1 000	1 060
		900		5 000	5 900

表 2-3 方案 2：每年年末还付利息，第 5 年年末偿还本金 单位：元

年度	年初所欠本金	所欠年息	年末所欠本利总额	本金支付	年末支付本息和
1	5 000	300	5 300	0	300
2	5 000	300	5 300	0	300
3	5 000	300	5 300	0	300
4	5 000	300	5 300	0	300
5	5 000	300	5 300	5 000	5 300
		1 500		5 000	6 500

表 2-4 方案 3：每年年末支付相等的本息 单位：元

年度	年初所欠本金	所欠年息	年末所欠本利总额	本金支付	年末支付本息和
1	5 000	300	5 300	887	1 187
2	4 113	247	4 360	940	1 187
3	3 173	190	3 360	997	1 187
4	2 179	131	2 307	1 056	1 187
5	1 120	67	1 187	1 120	1 187
		935		5 000	5 935

表 2-5 方案 4：5 年年末一次支付本息 单位：元

年度	年初所欠本金	所欠年息	年末所欠本利总额	本金支付	年末支付本息和
1	5 000	300	5 300	0	0
2	5 300	318	5 618	0	0
3	5 618	337	5 955	0	0
4	5 955	359	6 312	0	0
5	6 312	379	6 691	5 000	6 691
		1 691		5 000	6 691

在这一例子中，给出了 5 年内偿还利率为 6％的 5 000 元贷款的四种不同形式：在方案 1

中,5 年中每年偿还 1 000 元本金加上当年的利息;在方案 2 中,每年年末只偿还利息,在第 5 年年末一次偿还全部本金;在方案 3 中,将本金分期偿还,每年偿还的本金额不同,但每年偿还的本金加利息总额却相同;在方案 4 中,5 年内对本金利息均不偿还,只在最后一年年末将本利一次还清。

从上例来看,如果年利率为 6% 不变,上述四种不同偿还方案与原来的 5 000 元是等值的。从贷款人的立场看,今后以四种方案的任何一种都可以抵偿他现在的 5 000 元,因此现在他愿意提供 5 000 元的贷款。从借款人的立场来看,他如果同意以这四种方式中的任何一种来偿付,他现在就可以得到这 5 000 元的使用权。从表 2-2～表 2-5 中可以看出,不同的偿付方案所付出的总金额数是不同的,形式上是所付出的利息总额不同,但实际上是因为对本金做了不同的分摊偿还,每年偿还的本金不同,每年的欠款也就不同。

利用等值的概念,可以把在不同时点上发生的资金额换算成同一时点的资金额,然后进行比较。把将来某一时点的资金额换算成与现在某时点相等值的资金额,这一过程叫作折现。现在时点上的资金额称为现值,将来时点上的资金额称为将来值(或终值)。

二、等值计算公式

在投资分析中,为了考察投资项目的经济效果,必须对项目寿命期内不同时间发生的全部费用和全部效益进行计算和分析。在考虑资金时间价值的情况下,不同时间发生的收入和支出,其数值是不能直接相加或相减的,只能通过资金等值计算将它们换算到同一时间点上进行分析。下面将介绍等值计算的主要换算公式。

1.整付公式

所谓整付公式(有时也称一次支付公式),是指所分析系统的现金流量,无论是流出还是流入,均在一个时点上一次发生。

(1)如果以 F 表示将来的本利和,P 表示现值,根据前面的复利公式,可以给出整付复利公式如下:

$$F = P(1+i)^n \tag{2-7}$$

或用其函数符号表示为:

$$F = P(F/P, i, n) \tag{2-8}$$

式(2-7)中的 $(1+i)^n$ 或式(2-8)中的 $(F/P, i, n)$ 称为整付复利因子或一次支付本利和系数。

例 2-2:现存入 500 元,银行支付年复利率为 6%,3 年后账上存款额为多少?

解:首先验证各变数。已知 $P=500$ 元,$i=6\%$,$n=3$,求将来值 F。

根据公式:

$$F = P(1+i)^3 = 500 \times (1+0.06)^3 = 500 \times 1.191 = 595.5(元)$$

一般解法:

$$F = P(F/P, i, n) = 500 \times 1.191 = 595.5(元)$$

(2)如果已知将来值 F,求 P。

根据:

$$F = P(F/P, i, n)$$
$$= P(1+i)^n$$

可以得到：

$$P=F(1+i)^{-n} \tag{2-9}$$

或用其函数符号表示为：

$$P=F(P/F,i,n) \tag{2-10}$$

式(2-9)中的$(1+i)^{-n}$或式(2-10)中的$(P/F,i,n)$称为整付现值因子或一次支付现值系数。

例 2-3：如果银行利率为 6%，为在 5 年后获得 10 000 元，现应存入多少钱？

解：已知 $i=6\%,n=5,F=10\ 000$ 元，求 P。

$$P=F(P/F,i,n)=10\ 000(P/F,6\%,5)=10\ 000\times0.747\ 3=7\ 473(元)$$

2.等额系列公式

在经济分析中，人们经常遇到系列收入或支出金额为等额的情况，如贷款、房租等都属于等额支付系列。定义 A 为连续 n 期的等额系列期末现金收入或支出，全系列按利率 i 等值于 P 或 F。

(1)如果 A 是在 n 年中各年年末投资，在 n 年末的总值 F 显然就是各单项投资本利和的总额，以 $n=5$ 为例，绘制现金流量图(图 2-3)，即：

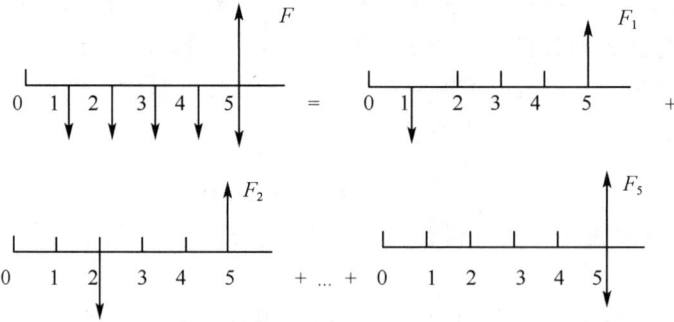

图 2-3　现金流量图

$$F=F_1+F_2+F_3+F_4+F_5=A(1+i)^4+A(1+i)^3+A(1+i)^2+A(1+i)+A$$

一般地，对 n 年来说，

$$F=A(1+i)^{(n-1)}+A(1+i)^{(n-2)}+\cdots+A(1+i)^2+A(1+i)+A$$

两边同乘以$(1+i)$得：

$$(1+i)F=A(1+i)^n+A(1+i)^{(n-1)}+\cdots+A(1+i)^2+A(1+i)+A(1+i)$$

将以上两式相减，得：

$$iF=A(1+i)^n-A=A[(1+i)^n-1]$$

于是：

$$F=A\left[\frac{(1+i)^n-1}{i}\right] \tag{2-11}$$

这样，当 A 已知时，就有了求解 F 的公式，其中$\dfrac{(1+i)^n-1}{i}$称为等额系列复利因子，用$(F/A,i,n)$表示，则有：

$$F=A(F/A,i,n) \tag{2-12}$$

例 2-4：某人每年年末存入银行 500 元，连续 5 年，年利率为 6%，在第 5 年他账上共有多少钱？

解：画现金流量图，如图 2-4 所示。已知 $A=500,i=6\%,n=5$，求 F。

$$F=A(F/A,i,n)$$
$$=500\times(F/A,6\%,5)$$
$$=500\times5.637=2\ 818.50(元)$$

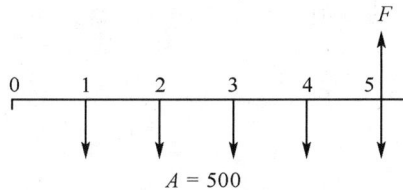

图 2-4　例 2-4 现金流量图

(2)如果已知 F 求 A，则由式(2-12)得：

$$A=F\left[\frac{i}{(1+i)^n-1}\right]=F(A/F,i,n) \tag{2-13}$$

记 $\left[\dfrac{i}{(1+i)^n-1}\right]$ 为 $(A/F,i,n)$，称为等额系列偿债基金因子，它表示如果希望在未来某一时刻需要一笔资金 F，从现在起每年需准备一等额款项储存起来。

例 2-5：为在年末用 1 000 元，某人年初开始每月储存一笔等额资金，如果银行年利率为 12%，问每月必须存多少钱？

解：已知 $F=1\ 000,n=12,i=12\%/12=1\%$，则由式(2-13)得：

$$A=F(A/F,i,n)=1\ 000\times(A/F,1\%,12)=1\ 000\times0.078\ 8=78.80(元)$$

(3)如果将式(2-7)代入式(2-13)，得：

$$A=F\left[\frac{i}{(1+i)^n-1}\right]=P(1+i)^n\left[\frac{i}{(1+i)^n-1}\right]$$

即：

$$A=P\left[\frac{i(1+i)^n}{(1+i)^n-1}\right]=P(A/P,i,n) \tag{2-14}$$

记 $\left[\dfrac{i(1+i)^n}{(1+i)^n-1}\right]$ 为 $(A/P,i,n)$，称之为等额系列资金回收因子。

例 2-6：元旦，某人将 5 000 元存入信用社，年复利率为 6%，他想从第一年的 12 月 31 日起，分 5 年年末等额取回，每年可取多少？

解：已知 $P=5\ 000$ 元，$n=5$ 年，$i=6\%$，求 A。

$$A=P(A/P,i,n)=5\ 000\times(A/P,6\%,5)=5\ 000\times0.237\ 4=1\ 187(元)$$

这就是本节前面例子中的方案 3，也说明了确定 5 年内按 6% 利率还清 5 000 元年支付额的方法。

(4)如果已知等额值 A，求解现值 P，则由式(2-14)可得出等额系列现值公式：

$$P=A\left[\frac{(1+i)^n-1}{i(1+i)^n}\right]=A(P/A,i,n) \tag{2-15}$$

记 $\left[\dfrac{(1+i)^n-1}{i(1+i)^n}\right]$ 为 $(P/A,i,n)$，称之为等额系列现值因子。

例 2-7：一位海运投资者拥有一张分期付款购买若干船用设备的契约,契约要求在 5 年内每月月末付 140 元,第一次支付在一个月以后,他提出要将契约卖给你,要求即付现金 6 800 元,如果你的资金能在其他地方得到 1% 的月利,你是接受还是拒绝这位投资者的报盘?

解：已知 $A = 140$ 元,$n = 60$ 个月,$i = 1\%$,因此:

$$P = A(P/A, i, n) = 140(P, A, 1\%, 60) = 140 \times 44.955 = 6\,293.70(元)$$

即月利为 1%,每月支付 140 元的现值为 6 293.70 元,因此不应买下。

另法:

$$A = P(A/P, i, n) = 6\,800(A/P, 1\%, 60) = 6\,800 \times 0.022 = 149.60(元) > 140(元)$$

故应拒绝这位投资者的报盘。

3. 复利因子之间的关系

从前面推算中可看出,复利因子之间有如下几种简单的关系。

(1) 关于整付

整付复利因子 = 1/整付现值因子,即:

$$(F/P, i, n) = 1/(P/F, i, n)$$

(2) 关于等额系列

① 资金回收因子 = 1/等额系列现值因子,即:

$$(A/P, i, n) = 1/(P/A, i, n)$$

② 等额系列复利因子 = 1/偿债基金因子,即:

$$(F/A, i, n) = 1/(A/F, i, n)$$

③ 等额系列现值因子就是 n 期整付现值因子的总和:

$$(P/A, i, n) = \sum_{j=1}^{n} (P/F, i, j) \tag{2-16}$$

④ 等额系列复利因子等于 1 与 $(n-1)$ 个整付复利因子之和:

$$(F/A, i, n) = 1 + \sum_{j=1}^{n-1} (F/P, i, j) \tag{2-17}$$

⑤ 等额系列资金回收因子等于等额系列偿债基金因子加 i 值,即:

$$(A/P, i, n) = (A/F, i, n) + i \tag{2-18}$$

4. 等差系列公式

有时人们经常遇到现金流量系列并不是 A 值的情况;相反,却是如图 2-5 表示的一个增量系列。

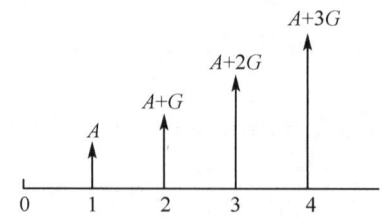

图 2-5　等差系列现金流量图

这种形式的现金流量可以分解为如图 2-6 所示的形式。

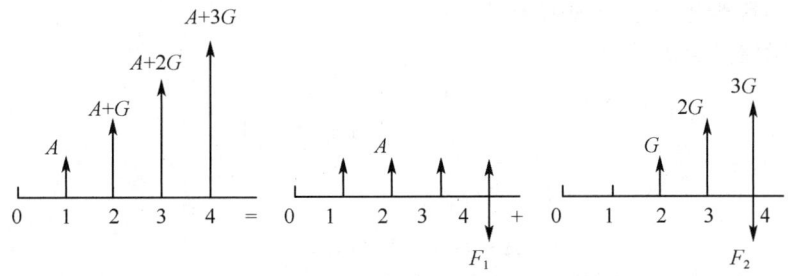

图 2-6 等差系列现金流量分解图

对 F_1 可利用等额系列公式求出，现考虑 F_2，可以将其现金流量分解为如图 2-7 的形式，针对一般情况：

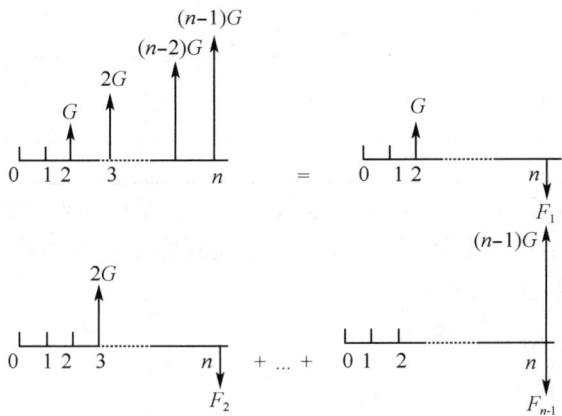

图 2-7 现金流量分解图

则：$F = F_1 + F_2 + \cdots + F_{n-1}$

$= G(1+i)^{n-2} + 2G(1+i)^{n-3} + \cdots + (n-2)G(1+i) + (n-1)G$

$= [(1+i)^{n-2} + (1+i)^{n-3} + \cdots + (n-2)(1+i) + (n-1)]G$

等式两端同乘以 $(1+i)$ 得：

$(1+i)F = G[(1+i)^{n-1} + 2(1+i)^{n-2} + \cdots + (n-2)(1+i)^2 + (n-1)(1+i)]$

两式相减得：

$iF = G[(1+i)^{n-1} + (1+i)^{n-2} + \cdots + (1+i) + 1 - n]$

根据等比公式得：

$$iF = G \frac{1-(1+i)^n}{1-(1+i)} - Gn$$

$$F = G \frac{1}{i}\left[\frac{(1+i)^n - 1}{i} - n\right] \tag{2-19}$$

或

$$F = G \cdot (F/G, i, n) \tag{2-20}$$

其中 $(F/G, i, n)$ 称为等差系列复利因子。

利用整付现值因子求得：

$$P = F(P/F, i, n) = G \frac{1}{i}\left[\frac{(1+i)^n - 1}{i} - n\right] \frac{1}{(1+i)^n} \tag{2-21}$$

或

$$P = G \cdot (P/G, i, n) \tag{2-22}$$

其中$(P/G,i,n)$称为等差系列现值因子。

利用等额偿债基金因子求 A：

$$A = G\frac{1}{i}\left[\frac{(1+i)^n-1}{i}-n\right]\frac{i}{(1+i)^n-1}$$

$$= G\left[\frac{1}{i}-\frac{n}{(1+i)^n-1}\right] \qquad (2\text{-}23)$$

或 $$A = G\cdot(A/G,i,n) \qquad (2\text{-}24)$$

例 2-8：某船用设备维修费估算如表 2-6 所示：

表 2-6 设备维修费

年	维修费(元)
1	1 200
2	1 500
3	1 800
4	2 100
5	2 400

某公司买了这样一台设备,公司希望在银行账户上存足够的钱,以支付第一个 5 年期的维修费。假设维修费在每年年末支付,利率为 6%,公司现在该存多少钱?

解：画出现金流量图,如图 2-8 所示。

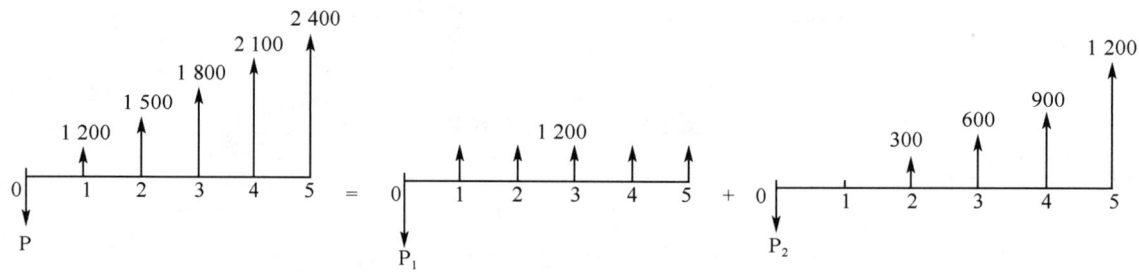

图 2-8 例 2-8 现金流量图

$$P = P_1+P_2 = A(P/A,6\%,5)+G(P/G,6\%,5)$$
$$= 1\,200\times4.212+300\times7.935 = 7\,435(\text{元})$$

5. 几何系列公式

在某些实际投资问题中,其费用常以某一固定的百分比逐年增加,其几何系列现金流量图,如图 2-9 所示。

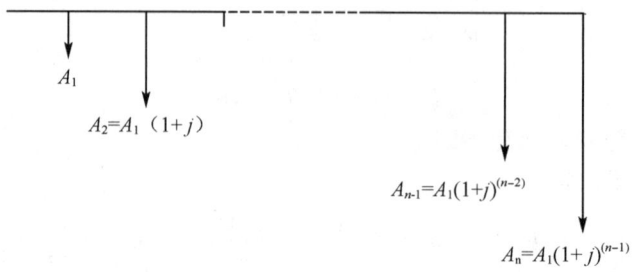

图 2-9 几何系列现金流量图

与该几何系列等值的现值系列之和为：

$$P = A_1(P/F,i,1) + A_2(P/F,i,2) + \cdots + A_n(P/F,i,n)$$

$$= A_1(1+i)^{-1}\frac{1-(1+i)^{-n}(1+j)^n}{1-(1+i)^{-1}(1+j)}$$

$$= \begin{cases} A_1\dfrac{1-(1+i)^{-n}(1+j)^n}{i-j}, & \text{当 } i \neq j \text{ 时} \\ A_1 n(1+i)^{-n}, & \text{当 } i = j \text{ 时} \end{cases}$$

或
$$P = A_1(P/A_1,i,j,n) \tag{2-25}$$

式中$(P/A_1,i,j,n)$称为几何系列现值因子。

由整付复利公式

$$F = P(F/P,i,n) = P(1+i)^n$$

得
$$F = A_1(P/A,i,j,n)(1+i)^n$$

$$= A_1(F/A_1,i,j,n) \tag{2-26}$$

式中$(F/A_1,i,j,n)$称为几何系列复利因子。

由

$$A = P(A/P,i,n) = P\frac{i(1+i)^n}{(1+i)^n-1}$$

得
$$A = A_1(A/A_1,i,j,n) \tag{2-27}$$

例 2-9：某企业设备维修费第一年为 4 000 元，以后 10 年的寿命期限内，逐年递增 6%，假定资金利率为 15%，求该几何系列的现值。

解：已知 $A = 4\,000$ 元，$i = 15\%$，$j = 6\%$，$n = 10$，求 P。

$$P = 4\,000(P/A,15\%,6\%,10)$$

$$= 4\,000 \times 6.192\,6$$

$$= 24\,770.4(\text{元})$$

· 重要概念 ·

现金流量；净现金流量；资金的时间价值；单利；复利；名义利率；实际利率；等值。

练习题

1.什么是资金的时间价值？为什么要考虑资金的时间价值？

2.单利和复利的区别是什么？在项目的经济效果评价中，为何要采用复利？

3.如何理解资金等值的概念？影响资金等值的因素有哪些？

4.利息的计算方法有哪些？它们之间的区别是什么？

5.名义利率与实际利率的相互关系是怎样的？

6.根据下面的现金流量图（图 2-10），将所有现金流量折现到第 0 年，列出算式即可，基准收益率为 10%。

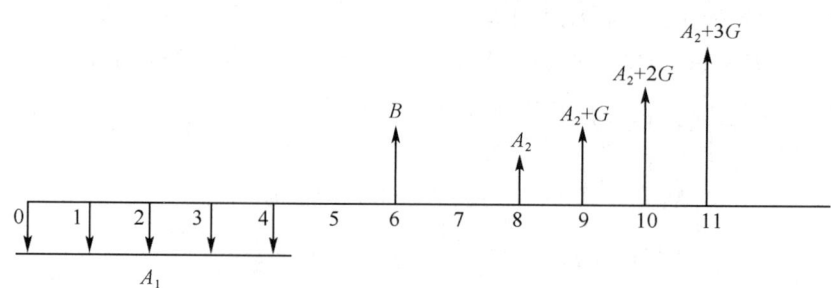

图 2-10 习题 6 的现金流量图

7.如果想在第 5 年年末得到资金 10 万元,按年利率 10％计算,从现在起连续 5 年每年年末必须存储多少钱?

8.某人现年 45 岁,希望在 60 岁退休后 20 年内(从 61 岁初开始)每年年初能从银行得到3 000 元,他现在必须每年年末(从 46 岁开始)存入银行多少钱才行?设年利率为 8％。

9.某人从银行贷款 20 万买房,年利率为 5％,若在 10 年内还清,那么他每年必须还多少钱才行?

10.某企业购买一个大型设备,若货款现在一次性付清需 100 万元;也可采用分期付款,从第 2 年年末开始到第 4 年年末每年付款 40 万元。假设资金利率为 10％,问该企业应选择何种付款方式?

11.某单位年初从银行借款 106 700 元,年利率为 10％,在借款合同中,要求该单位每年年末还款 20 000 元,企业需要几年才能还清借款?

12.某工厂投产一台设备,其年收益第一年为 10 000 元,此后直至第 8 年年末逐年递增300 元,设年利率为 15％,试求该设备 8 年的收益现值及等额支付序列收益年金。

第三章
技术经济评价基本方法

学习要点

1.熟练掌握经济评价指标的概念与计算方法;
2.重点掌握净现值法、内部收益率法和静态投资回收期法;
3.熟练掌握经济评价指标的判别准则、应用前提条件和适用范围;
4.熟练掌握互斥方案比较择优的方法;
5.了解独立方案比较择优的方法。

技术经济分析的目的是在列出可行性替代方案的基础上,对各方案的结果进行比较;而技术经济评价方法则通过对评价指标的计算,根据判别可行性方案的经济准则或标准,在对各方案结果比较的基础上,进行最优方案的选择。本章将结合技术经济分析的实例,介绍一些常用的技术经济分析方法。

第一节 现值分析法

所谓现值分析法,就是根据资金的时间价值的原理,将不同时点上发生的费用与效益(即现金流量)在方案计算期内按设定的折现率折现到某一基准时点(通常是期初)求得折现现值累积之和的方法。

一、现值法判别准则

如果项目只有一个方案,即单方案,可以用净现值指标来判别。所谓净现值(Net Present Value,NPV)是指将项目计算期内各年的净现金流量按设定的折现率折现到初始年的现值之和,它是反映项目计算期内获利能力的动态指标。其表达式为:

$$NPV = \sum_{t=0}^{n} (C_1 - C_O)_t (P/F, i_0, t) \tag{3-1}$$

式中:C_1——现金流入量;

C_O——现金流出量;

$(C_1 - C_O)_t$——第 t 期的净现金流量;

n ——项目计算期;

i_0——设定的折现率(同基准收益率);

NPV——净现值。

单方案是否可行的标准为:$NPV \geqslant 0$,方案可行;$NPV < 0$,方案不可行。

如果项目有两个或更多的方案,为了对各方案的结果进行比较,必须选择判别准则,以便根据选择的准则对它们做出评价。根据不同情况,现将判别准则列入表 3-1。

表 3-1 现值分析法判别准则表

情 况	准 则
1.相等投入(资金或其他资源投入相等)	使收益或其他产出的现值最大,即收益现值(PB)最大
2.相等产出(要完成任务,收益或其他产出相等)	使费用或其他投入的现值最小,即费用现值(PC)最小
3.不相等的投入和产出(资金或其他投入不相等,收益或其他产出也不相等)	使(收益现值—费用现值)最大,即净现值(NPV)最大

二、现值分析法的计算

现值分析法经常用来确定将来收入或支出的现值,例如,它能帮助确定一项海运资产或港口资产的现值。如果已知将来的收入和费用,采用适当的折现率就可以算出这项财产的现值,这就能够提供买进或卖出这项财产的良好估价。另外,运用这种方法,还可以根据拥有的财产的预期收益,确定股票和证券的价值。在现值分析过程中必须慎重考虑分析周期,通常需要完成的项目总会有一个相对的时间周期。在这种情况下,每一种方案的后果必须按照这个时间周期来考虑,这个时间周期通常称为计算期。一般地,投资技术经济分析中会遇到两种不同计算期的情况:

(1)各方案的使用期等于计算期;

(2)各方案的使用期不等于计算期。

下面就用具体实例对这两种情况加以讨论。

1.各方案的使用期相同时

当所选择的方案具有相同的使用期时,这时的计算期即为方案的使用期。考虑如下三个实际案例。

(1)收益现值法

例 3-1:如某航运企业正考虑在特定情况下安装两种船用设备中的哪一种可以降低成本。两种设备的费用均为 1 万元,使用期各为 5 年,均无残值。设备 A 每年可节约 3 000 元,设备 B 第一年可节约 4 000 元,但以后逐年递减 500 元,利率为 7%,问安装哪种设备效益好?

解:因两种设备使用期均为 5 年,可以把计算期选为 5 年。由于两种设备的投入费用都是 10 000 元,即投入相同,因此适合的判别准则是选择收益现值最大的方案。

设备 A 的收益现值:

$PV_A = 3\,000(P/A, 7\%, 5) = 3\,000 \times 4.1 = 12\,300(元)$

设备 B 的收益现值:

$$PV_B = 4\,000(P/A,7\%,5) - 500(P/G,7\%,5) = 4\,000 \times 4.1 - 500 \times 7.647$$
$$= 12\,576.5(元)$$

故安装设备 B 的收益现值大,为最优方案。

(2)费用现值法

例 3-2:某船公司为经营某一航线的需要,打算购买一艘二手船舶,现市场上有两种不同的二手船报价,如表 3-2 所示。

表 3-2　两种不同的二手船报价表

船舶	船价费用(万元)	使用寿命(年)	使用期末残值(万元)
A	1 500	5	200
B	1 600	5	325

若 A、B 两艘船舶均能满足该航线运营的需求,利率为 7%,问应选择哪艘船舶?

解:由于该问题是产出相等的问题,且 A、B 两船舶又具有相同的使用寿命,因此该投资项目的计算期也应是 5 年,根据前面所述的判别准则,其最优方案应该是费用现值最小的船舶,计算如下。

A 船舶费用现值:

$$PC_A = 1\,500 - 200(P/F,7\%,5) = 1\,500 - 200 \times 0.713 = 1\,357(万元)$$

B 船舶费用现值:

$$PC_B = 1\,600 - 325(P/F,7\%,5) = 1\,600 - 325 \times 0.713 = 1\,368(万元)$$

故 A 船舶的费用现值小于 B 船舶的费用现值,应选择 A 船舶。

(3)净现值法

事实上,在大多数情况下,各投资方案往往是具有不同的投入与产出的。

例 3-3:某船公司为开辟某一航线,打算购置一艘船舶,现有两种船型的船舶备选,费用与收益如表 3-3 所示。

表 3-3　费用与收益表

船舶	船价费用(万元)	平均年净收益(万元)	使用寿命(年)	使用期末残值(万元)
A	2 000	450	6	100
B	3 000	600	6	700

假定利率为 8%,问应选哪种?

解:船舶 A:$NPV = 450(P/A,8\%,6) + 100(P/F,8\%,6) - 2\,000$
$$= 450 \times 4.623 + 100 \times 0.630\,2 - 2\,000 = 143(万元)$$

船舶 B:$NPV = 600(P/A,8\%,6) + 700(P/F,8\%,6) - 3\,000$
$$= 600 \times 4.623 + 700 \times 0.630\,2 - 3\,000 = 215(万元)$$

判别准则是净现值最大,故应选船舶 B。

2.当各方案的使用期不同时

在实际技术经济分析中,各方案的使用期往往不同,如 A 船舶使用期 5 年,而 B 船舶使用期则是 10 年。对这种情况,显然是无法将两方案直接加以比较的。为了能够对这类问题进行分析比较,往往需要选取一个一致的计算期,各方案参与比较时就以此计算期来考虑。

一般来说,对于使用期不同的方案,其计算期的确定有下述三种方法:

（1）最小公倍数法，即投资方案的计算期为各方案使用期的最小公倍数。

（2）最大（小）使用期法，即方案的计算期取为各方案使用期的最大（小）者。

（3）公共计算期法，即取一公共计算期，估计各方案的使用期终了前的残值。

以常用的最小公倍数法为例，最小公倍数法又叫方案重复法，是以不同方案使用寿命的最小公倍数作为共同的计算期，并假定每一方案在这一期间内反复实施，据此算出计算期内各方案的净现值，净现值较大的为最优方案。

例 3-4：某船公司为经营某一航线的需要，打算购买一艘二手船舶，现市场上有两种不同的二手船报价，如表 3-4 所示。

表 3-4　两种不同的二手船报价表

船舶	船价费用（万元）	使用寿命（年）	使用期末残值（万元）
A	1 500	5	200
B	1 600	10	325

若 A、B 两艘船舶均能满足该航线运营的需求，利率为 7%，问应选择哪艘船舶？

解：由于两艘船舶使用寿命不相等，考虑时间可比性，必须选择一个统一的计算期，选择两个船舶的使用寿命最小公倍数 10 年为计算期，因此，船舶 A 要进行必要的重复，船舶 A 使用 5 年，再加上 5 年的更新船舶，即在 10 年中的第 5 年年末将船舶 A 进行原船舶重复。

绘制两个船舶的现金流量图，如图 3-1 所示。

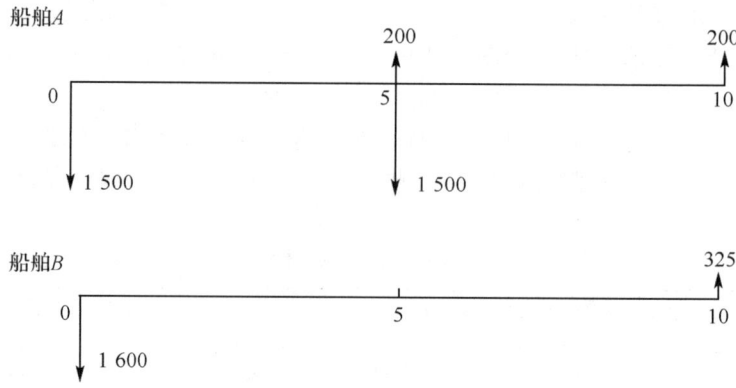

图 3-1　船舶 A、B 的现金流量图

计算两个方案的费用现值：

$$PC_A = 1\ 500 + (1\ 500 - 200)(P/F, 7\%, 5) - 200(P/F, 7\%, 10)$$
$$= 1\ 500 + 1\ 300 \times 0.713 - 200 \times 0.508\ 3 = 2\ 325（万元）$$

$$PC_B = 1\ 600 - 325(P/F, 7\%, 10) = 1\ 600 - 325 \times 0.508\ 3 = 1\ 435（万元）$$

根据前面所述的判别准则，这样对两种都是使用 10 年的船舶而言，船舶 B 的费用较低，其最优方案应该是费用现值最小的船舶 B。

三、船舶投资案例分析

例 3-5：某远洋运输公司拟购置一艘新件杂货船，用于中国到东南亚 Y 国航线的运营。现有 A、B 两种船型的船舶可供选择。

A 船舶为 6 000 载重吨的新件杂货船。如果投资（即船价）为 1 000 万美元，船舶固定费用开支包括:年船员工资为 15 万美元,年修理、备件费 20 万美元,共同分担费 35 万美元,保险费 3 万美元。去程运输货物为水泥,货运量为 5 000 吨,运价 55 美元/吨,佣金率 5%,装卸天为 10 天,航行天为 10 天,装卸条款 FIOST,港口费 4 万美元;回程运输货物为板材,货运量为 5 500吨,运价 25 美元/吨,装卸天为 12 天,航行天为 8 天,港口费同去程。船舶燃油消耗 11 吨/天,柴油消耗 1.0 吨/天,燃油价 100 美元/吨,柴油价 200 美元/吨。

B 船舶为 8 000 载重吨的新件杂货船。如果投资(即船价)为 1 200 万美元,船舶固定费用开支:年船员工资为 15 万美元,年修理、备件费 20 万美元,共同分担费 35 万美元,保险费 3 万美元。去程运输货物为水泥,货运量为 6 500 吨,运价 55 美元/吨,佣金率 5%,装卸天为 10 天,航行天数为 10 天,装卸条款为 FIOST,港口费 4.5 万美元;回程运输货物为板材,货运量为 7 000 吨,运价 25 美元/吨,装卸天数为 12 天,航行天为 8 天,港口费同去程。船舶燃油消耗 12 吨/天,柴油消耗 1.2 吨/天,燃油价 100 美元/吨,柴油价 200 美元/吨。(船舶在航行时同时消耗燃油与柴油,在装卸时只消耗柴油。)

如果两艘船舶的折旧年限均为 15 年,残值为原值的 10%,年运营天数为年均 355 天,基准收益率为 10%,用现值分析法确定应选择哪种船型的船舶?

解:根据上述所给出的条件,可得 A 船舶的固定费用分摊,如表 3-5 所示。

表 3-5 A 船舶的固定费用分摊表 单位:美元

项目	工资	修理、备件费	共同分担费	保险费	合计
全年	150 000	200 000	350 000	30 000	730 000
日平均	411	548	959	82	2 000

于是 A 船舶的运费收入及各项变动费用估算,如表 3-6 所示。

表 3-6 A 船舶的运费收入及各项变动费用估算表 单位:美元

航线	货种	贸易量(吨)	运价	运费收入	佣金率	装卸天	航行天
中国—Y 国	水泥	5 000	55	261 250	5%	10	10
Y 国—中国	板材	5 500	25	130 625	5%	12	8

燃油费	柴油费	港口费	变动费用	固定费用
10×11×100=11 000	20×1.0×200=4 000	40 000	55 000	40 000
8×11×100=8 800	20×1.0×200=4 000	40 000	52 800	40 000

根据表 3-5 和表 3-6 中的数据,可得:

A 船舶年收入=(261 250+130 625)×(355/40)=347.8(万美元)

A 船舶年营运费用=(55 000+52 800)×(355/40)+ 40 000×2×(365/40)

=168.7(万美元)

B 船舶固定费用分摊,如表 3-7 所示。

表 3-7 B 船舶的固定费用分摊表 单位:美元

项目	工资	修理、备件费	共同分担费	保险费	合计
全年	150 000	200 000	350 000	30 000	730 000
日平均	411	548	959	82	2 000

于是 B 船的运费收入及各项变动费用估算如表 3-8 所示。

表 3-8　B 船舶的运费收入及各项变动费用估算表　　　　单位:美元

航线	货种	贸易量(吨)	运价	运费收入	佣金率	装卸天	航行天
中国—Y 国	水泥	6 500	55	339 625	5%	10	10
Y 国—中国	板材	7 000	25	166 250	5%	12	8

燃油费	柴油费	港口费	变动费用	固定费用
$10 \times 12 \times 100 = 12\,000$	$20 \times 1.2 \times 200 = 4\,800$	45 000	61 800	40 000
$8 \times 12 \times 100 = 9\,600$	$20 \times 1.2 \times 200 = 4\,800$	45 000	59 400	40 000

根据表 3-7 和表 3-8 中的数据,可得:

B 船舶年收入 $= (339\,625 + 166\,250) \times (355/40) = 449.0$(万美元)

B 船舶年营运费用 $= (61\,800 + 59\,400) \times (355/40) + 40\,000 \times 2 \times (365/40)$
$= 180.6$(万美元)

根据上述结果,可计算出两船舶的净现值分别为:

A 船舶:

$NPV = (347.8 - 168.7) \times (P/A, 10\%, 15) + 1\,000 \times 10\% \times (P/F, 10\%, 15) - 1\,000$
$= 179.1 \times 7.606 + 100 \times 0.239\,4 - 1\,000 = 386.2$(万美元)

B 船舶:

$NPV = (449 - 180.6) \times (P/A, 10\%, 15) + 1\,200 \times 10\% \times (P/F, 10\%, 15) - 1\,200$
$= 268.4 \times 7.606 + 120 \times 0.239\,4 - 1\,200 = 870.2$(万美元)

根据判别准则应选择净现值最大的投资方案,即选择 8 000 载重吨的 B 船舶。

<h2 style="text-align:center">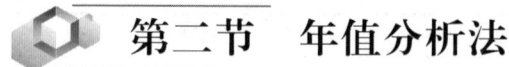 第二节　年值分析法</h2>

在前一节里,介绍了现值分析法。它是把一个比较方案换算成一个等值的现金总和。它可能是一个等值于费用的现值或等值于收益的现值,或者是一个等值的净现值。但是,除了计算等值总和外,还可以根据等值的年现金流量比较各种方案的优劣。它可能是等值的等额年费用(Equivalent Uniform Annual Cost,EUAC),等值的等额年收益(Equivalent Uniform Annual Benefit,EUAB),或者两者之差值(EUAB−EUAC),即净年值(Net Annual Value,NAV)。

一、年值法判别准则

如果项目只有一个方案,即单方案,用净年值来判别。所谓净年值是指未来期内各年净现金流量的现值分摊到计算期内各年(从第 1 年到第 n 年)的等额年值,它是反映项目计算期内获利能力的动态指标。其表达式为:

$$NAV = NPV(A/P, i_0, n)$$
$$= \sum_{t=0}^{n}(C_I - C_O)_t(P/F, i_0, t)(A/P, i_0, n) \tag{3-2}$$

单方案是否可行的标准为:$NAV \geqslant 0$,方案可行;$NAV < 0$,方案不可行。

如果项目有两个或多个方案,为了对各方案的结果进行比较,必须选择判别准则,以便根据选择的准则对它们做出评价。根据不同情况,现将判别准则列入表3-9。

表 3-9 年值分析法判别准则表

情况	准则
1.相等投入(资金或其他资源投入相等)	使等值等额年收益(EUAB)最大
2.相等产出(要完成任务,收益或其他产出相等)	使等值等额年费用(EUAC)最小,即费用年值最小
3.不相等的投入和产出(资金或其他投入不相等,收益或其他产出也不相等)	使(EUAB−EUAC)最大,即净年值(NAV)最大

二、年值分析法

年值分析法是另一种将各方案化成可比形式的方法。与现值分析法所不同的是,它是将各方案均化成等额年值,然后进行比较分析。

在前一节里,讨论了有关计算期的概念,同样在本节里比较年现金流量时,仍有计算期的问题。下面用具体实例加以讨论。

1.各方案的使用期相等

所研究的各方案的使用期相等,这显然是一种理想的情况,这时的计算期将等于各方案的使用期。

例 3-6:某航运企业为了降低成本,考虑安装 A、B 两种船舶设备中的一种。两种设备均耗资 10 000 元,使用寿命均为 5 年,均无残值。设备 A 每年能节约 3 000 元,设备 B 第一年节约 4 000 元,以后逐年递减 500 元。如果利率为 7%,问应购买哪种设备?

解:设备 A 的等值等额年收益为:

$EUAB = 3\ 000$(元)

设备 B 的等值等额年收益为:

$EUAB = 4\ 000 - 500(A/G, 7\%, 5) = 4\ 000 - 500 \times 1.865 = 3\ 067.5$(元)

根据判别准则,故选使 $EUAB$ 最大的设备 B。

2.各方案的使用期不等

当方案的使用期不同时,计算期的选取可有三种方法,即最小公倍数法、最大(小)使用期法和公共计算期法。在进行分析时,通常是假定以费用、性能等均等同的项目来置换。

例 3-7:某船公司考虑购买两种水泵,已知 A、B 两方案如表 3-10 所示,利率为 7%,应买哪一种?

表 3-10 现金流量表

项目	水泵 A	水泵 B
初次费用(元)	7 000	5 000
使用期末残值(元)	1 500	1 000
使用期(年)	12	6

解:方法一(最小公倍数法)

水泵 A:

$EUAC_A = 7\,000(A/P,7\%,12) - 1\,500(A/F,7\%,12) = 798(元)$

对于水泵 B,由于使用期为 6 年,显然不能直接与使用期为 12 年的水泵 A 比较,为了进行对比,必须取共同的计算期 12 年,即将水泵 B 更新一次,于是

水泵 B:

$$EUAC_B = [(5\,000 - 1\,000)(P/F,7\%,6) + 5\,000 - 1\,000(P/F,7\%,12)] \times$$
$$(A/P,7\%,12)$$
$$= [4\,000 \times 0.666\,3 + 5\,000 - 1\,000 \times 0.444\,0] \times 0.125\,9 = 909(元)$$

由于产出相同,故选取使 $EUAC$ 最小的方案,即选水泵 A。

方法二(费用年值法)

$$EUAC_A = 7\,000(A/P,7\%,12) - 1\,500(A/F,7\%,12)$$
$$= 7\,000 \times 0.125\,9 - 1\,500 \times 0.055\,9 = 798(元)$$
$$EUAC_B = 5\,000(A/P,7\%,6) - 1\,000(A/F,7\%,6)$$
$$= 5\,000 \times 0.209\,8 - 1\,000 \times 0.139\,8 = 909(元)$$

由于产出相同,故选取使 $EUAC$ 最小的方案,即选水泵 A。

第三节 内部收益率分析法

一、内部收益率法的判别准则与计算

1.内部收益率的概念及判别准则

内部收益率(Internal Rate of Return,IRR),又称内部报酬率,是考察项目资金使用效率的指标,反映资金的盈利率,是考察项目盈利能力的主要动态指标。内部收益率是能使项目在整个计算期内各年净现金流量现值累计等于零时的折现率。内部收益率分析法是技术经济分析的一种重要分析方法。其表达式为:

$$NPV(IRR) = \sum_{t=0}^{n}(C_I - C_O)_t(1 + IRR)^{-t} = 0 \qquad (3\text{-}3)$$

也可以用年值法来表示:

$$NAV(IRR) = EUAB - EUAC = 0 \qquad (3\text{-}4)$$

这两个方程式用不同形式表示同一概念,只有在收益率 i 为未知的情况下,它们可以表示费用与收益的关系。

在内部收益率法中,对单一方案的分析评价准则为:当方案的内部收益率 $IRR \geqslant$ 基准收益率 i_0 时,则认为该方案在经济上可行;反之,若 $IRR < i_0$,则认为该方案在经济上不可行。

2.净现值函数

内部收益率法实质上也属于现值法,只是由于这种评价方法重要,并且求解方法特殊,所以单独列出论述。

在技术经济分析中,通常利用净现值函数来反映净现值 NPV 与折现率 i 之间的函数关系。若 i 连续变化时,可得出 NPV 随 i 变化的函数,称为净现值函数。由此可画出净现值 NPV 与利率 i 的关系图形,一般称为净现值曲线,如图 3-2 所示。从这条曲线可以看出在不

同的 i 之下,投资与投资所得收益的关系。

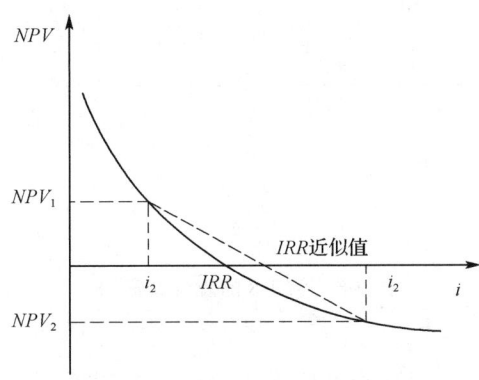

图 3-2 净现值曲线

由净现值曲线图 3-2 可知,净现值 NPV 随折现率 i 的增大而减小。当设定折现率越大,则净现值越小,甚至为零或负值,因而被接受的方案也就越少。NPV 随 i 的增大而由正值变为负值,则必会有当折现率为某一数值时,使净现值 $NPV=0$。如图 3-2 所示,$i_1<IRR$ 时,$NPV_1>0$;$i_2>IRR$ 时,$NPV_2<0$,则称净现值为零的折现率为内部收益率,即 IRR。

3.内部收益率的计算

内部收益率的计算步骤(以净现值计算法为例)如下:

(1)画出现金流量图,列出净现值计算公式。

(2)试算。选择一个适当的收益率代入公式中,试算出净现值,若 $NPV \geqslant 0$,将收益率逐步加大;若 $NPV<0$,将收益率逐步减小。在试算的重复过程中,若得到的两个净现值绝对值都较小,而且一正一负,再尽量使这两个收益率 i_1、i_2 接近,当二者的间距不大于 5%($|i_2-i_1| \leqslant 5\%$)时,就可以进行下一步骤。

(3)用线性内插值法求出 $NPV=0$ 时的收益率 IRR,内插值公式为:

$$IRR = i_1 + \frac{NPV(i_1)}{PNV(i_1)+|NPV(i_2)|}(i_2-i_1) \tag{3-5}$$

(4)将 IRR 与基准收益率 i_0 比较,如果 $IRR \geqslant i_0$,则表明方案可行;反之,如果 $IRR<i_0$,收益率未达到设定水平,则表明方案不可行。

例 3-8:已知现金流量如表 3-11 所示。

表 3-11 现金流量表

年	现金流量(元)
0	−100
1	20
2	30
3	20
4	40
5	40

计算该投资的内部收益率(基准收益率 $i_0=10\%$)。

解:现金流量如图 3-3 所示。

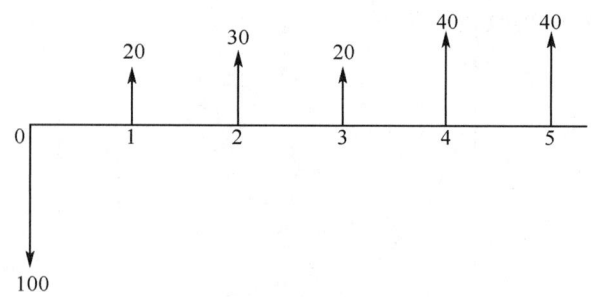

图 3-3　例 3-8 的现金流量图

利用公式 $NPV=0$，得

$NPV=-100+20(P/F,i,1)+30(P/F,i,2)+20(P/F,i,3)+40(P/F,i,4)+40(P/F,i,5)$

试 $i_1=10\%$

$NPV=-100+20\times0.909\,1+30\times0.826\,4+20\times0.751\,3+40\times0.683+40\times0.620\,9$
$\qquad=10.16$

这表明试算的利率 i_1 过低。

再试 $i_2=15\%$

$NPV=-100+20\times0.869\,6+30\times0.756\,1+20\times0.657\,5+40\times0.571\,8+40\times0.497\,2$
$\qquad=-4.026$

这样可知道所求的 IRR 是介于 10% 与 15% 之内的。用内插值法计算：

$IRR=10\%+[10.16/(10.16+|-4.026|)](15\%-10\%)=13.58\%$

因为 $IRR\geqslant i_0$，所以表明方案可行。

4.内部收益率经济含义

内部收益率的经济实质反映的是项目寿命期内尚未收回投资的盈利率，而不是初始投资在整个寿命期内的盈利率。因为在项目的整个寿命期内，按内部收益率 IRR 折现计算始终存在未被收回的投资，而在寿命结束时，投资恰好被全部收回。换句话说，在项目寿命期内，始终处于偿付未被收回的投资的状况，内部收益率正是反映了项目偿付未被收回的投资的能力，它取决于项目内部，所以叫内部收益率。因此能够使方案净现值等于零的折现率不一定就是内部收益率，只有当它符合内部收益率的经济含义时才是内部收益率。

■ 二、差额内部收益率法的判别准则与计算

1.差额内部收益率的概念及判别准则

对两个相互排斥的方案，如果其收益率均大于基准收益率，则如何确定最佳方案呢？这时要计算两个方案之间的增量收益率，即差额内部收益率。所谓差额内部收益率就是两个方案在计算期内各年的净现金流量差额的现值和等于零时的折现率。其表达式为：

$$\sum_{t=0}^{n}(NCF_{At}-NCF_{Bt})_t(1+\Delta IRR)^{-t}=0 \qquad (3-6)$$

式中：NCF_{At} 和 NCF_{Bt}——方案 A 和方案 B 第 t 年的净现金流量；

　　ΔIRR——两方案的差额内部收益率。

　　将计算出来的折现率与基准收益率进行比较,如果差额内部收益率(ΔIRR)大于或等于基准收益率,则选用投资(现值)较高的方案;如果差额内部收益率小于基准收益率,则选用投资(现值)较低的方案。

　　这里的基准收益率,有时也称为最低希望收益率(Minimum Attractive Rate of Return, MARR)。

2. 差额内部收益率的计算

　　在讨论现值分析和年值分析时,需要着重考虑的是计算期,在收益率分析中也是如此。对于两个方案来说,选择判别的方法是检验两个方案之间的差值,这种检验必然要选定计算期。对相同的使用期自然不必说;当使用期不同时,仍然是采用如下三种方法:最小公倍数法、最大(小)使用期法和公共计算期法。另外也可以采用年值法来分析。

　　为说明如何利用增量分析方法进行内部收益率分析,来看下面两个案例。

　　例 3-9:已知现金流量如表 3-12 所示。

表 3-12　现金流量表 单位:元

	费用	等额年收益	使用期(年)	残值
X	200	95	6	50
Y	700	120	12	150

　　如果利率为 10%,应选哪种?

　　解:采用最小公倍数法。

　　该问题的实际现金流量如表 3-13 所示。

表 3-13　现金流量表 单位:元

年	0	1	2	3	4	5	6	7	8	9	10	11	12
X	−200	+95	+95	+95	+95	+95	+95 +50 −200	+95	+95	+95	+95	+95	+95 +50
Y	−700	+120	+120	+120	+120	+120	+120	+120	+120	+120	+120	+120	+120 +150
$Y-X$	−500	+25	+25	+25	+25	+25	+25 +150	+25	+25	+25	+25	+25	+25 +100

$$NPV = 25(P/A,i,12) + 150(P/F,i,6) + 100(P/F,i,12) - 500$$

　　试 $i=1\%$,则

　　　　净现值$=25\times11.255+150\times0.942+100\times0.887-500=11$(元)

　　表明所试的 i 值较低。

　　再试 $i=6\%$,则

　　　　净现值$=25\times8.384+150\times0.705+100\times0.497-500=-135$(元)

　　$1\%<i<6\%$,显然 i 低于 10%,应选 X 设备。

三、差额内部收益率法、内部收益率及净现值法的关系

如果当前方案是两个互斥方案,那么采用内部收益率法就不一定能够选择出最优的方案,此时只能采用差额内部收益率法或净现值法来择优。

将两个互斥方案中的投资较少或规模较小的方案设定为基准方案,则:

当增量内部收益率不小于基准收益率时,投资较多或规模较大的方案的净现值大于或等于投资较少或规模较小的方案的净现值;反之则相反。

当增量内部收益率不小于基准方案的内部收益率时,则被比较的另一方案的内部收益率将大于或等于基准方案的内部收益率;反之则相反。而且被比较方案的内部收益率一定介于基准方案的内部收益率与其增量内部收益率之间。

例 3-10:在下面两个相互排斥的方案(见表 3-14)中选一个。基准收益率为 6%。

表 3-14　现金流量表　　　　　　　　　　　　　　　　　　单位:元

年	方案 I	方案 II	方案 II－方案 I
0	－10	－20	－10
1	+15	+28	+13

解:考虑差额内部收益率:

$$NPV = -10 + 13(P/F, i, 1) = 0$$

则:

$$(P/F, i, 1) = 10/13$$
$$(F/P, i, 1) = 1.3$$

查表得 $i = 0.3 = 30\% > 6\%$,应选方案 II。

可以这样理解,方案 II 是在方案 I 的基础上增加 10 元的投资,这时增加的这部分投资的收益率是 30%,大大高于基准收益率 6%,因此方案 II 比方案 I 更优越。

为进一步分析,可计算以下各方案的收益率。

方案 I:

$$(P/F, i, 1) = 10/15 = 0.667, \quad i = 50\%$$

方案 II:

$$(P/F, i, 1) = 20/28 = 0.714\ 3, \quad i = 40\%$$

根据这一结果,人们往往会考虑选择方案 I,但由前面的计算知道方案 II 是最优方案。为说明这个问题,来看以下这两个方案的净现值。

方案 I:

$$NPV = 15(P/F, 6\%, 1) - 10 = 4.15(元)$$

方案 II:

$$NPV = 20(P/F, 6\%, 1) - 20 = 6.42(元)$$

由于准则是要最大收益,而不是最大收益率,因此选择方案 II。实际上选择方案 II 使 10 元得到 50% 的收益,10 元得到 30% 的收益,合在一起为 40% 的收益。

第四节 投资回收期分析法

投资回收期是指以项目的净收益回收项目投资所需要的时间,一般以年为单位。它是反映项目财务上投资回收能力的重要指标。投资回收期分为静态和动态两种。

一、静态投资回收期

1.采用净收益计算静态投资回收期的公式

$$\sum_{t=0}^{T}(B_t - C_t) = P \tag{3-7}$$

式中:P——初始投资,指项目的总投资;

T——计算确定的投资回收期;

B_t——第 t 年的收益;

C_t——第 t 年的费用。

若每年的收益、费用均相等,分别为 B 和 C,则有:

$$T = \frac{P}{B-C} \tag{3-8}$$

式中:$(B-C)$——每年的净收益。

2.采用财务现金流量计算静态投资回收期的公式

$$\sum_{t=0}^{T}(C_I - C_O)_t = 0 \tag{3-9}$$

式中:T——计算确定的投资回收期(年);

C_I——现金流入量;

C_O——现金流出量;

$(C_I - C_O)_t$——第 t 年的净现金流量。

3.用财务现金流量表累计净现金流量计算静态投资回收期的公式

投资回收期$(T)=$累计净现金流量开始出现正值的年份数$-1+\dfrac{\text{上年累计净现金流量的绝对值}}{\text{当年净现金流量}}$

$$\tag{3-10}$$

二、动态投资回收期

上述回收期指标没有考虑资金的时间价值,可以采用动态投资回收期加以纠正。

1.采用净收益计算动态投资回收期的公式

$$\sum_{t=0}^{T-1}A_t(P/F,i,t) \leqslant P \leqslant \sum_{t=0}^{T}A_t(P/F,i,t)$$

$$\sum_{t=0}^{T} A_t(P/F,i,t)=P \tag{3-11}$$

其中 A_t 为第 t 年的净收益,即 (B_t-C_t),若:

$$A_1=A_2=\cdots=A_T=A$$

则有:

$$P=A(P/A,i,T) \tag{3-12}$$

2.采用财务现金流量计算动态投资回收期的公式

$$\sum_{t=0}^{T} (C_I-C_O)_t(P/F,i,t)=0 \tag{3-13}$$

3.用财务现金流量表累计净现金流量计算动态投资回收期的公式

投资回收期 $(T)=$

累计净现金流量折现值开始出现正值的年份数 $-1+$

(上年累计净现金流量折现值的绝对值 / 当年净现金流量折现值) (3-14)

把计算出来的 T 与标准投资回收期 T^* 相比较,如果 $T\leqslant T^*$,则方案可行;反之,则不可行。 在多方案评价时,一般把投资回收期最短的方案作为最优方案。

例 3-11:某航运企业正在考虑在两种设备中选择一种,如果两种设备的使用期都为 8 年,应选哪一种? 已知利率为 8%,现金流量如表 3-15 所示。

表 3-15 现金流量表

设备	费用(元)	等额年收益(元)	使用期末残值(元)
A	2 000	450	100
B	3 000	600	700

解:静态投资回收期:

$$T_A=2\ 000 / 450 = 4.4(年)$$
$$T_B=3\ 000 / 600 = 5(年)$$

故应选设备 A。

动态投资回收期:

A:

$$2\ 000=450(P/A,8\%,T_A)$$

因此 $(P/A,8\%,T_A)=2\ 000 / 450 = 4.4$,查表得 $T_A=5.6(年)$。

B:

$$3\ 000=600(P/A,8\%,T_B)$$

因此 $(P/A,8\%,T_B)=5$,查表得 $T_B=6.7(年)$。

故应选设备 A。

例 3-12:某项目的原始投资为 20 000 元,以后各年净现金流量如下:第 1 年为 3 000 元,第 2~10 年每年为 5 000 元,项目计算期为 10 年,求投资回收期。($i_0=8\%$)

解:静态投资回收期:

$$静态投资回收期 \ T=5-1+\frac{|-2\ 000|}{5\ 000} = 4.4(年)$$

动态投资回收期:

按现值计算的现金流量见表 3-16。

表 3-16　现金流量表　　　　　　　　　　　　　　　　　　单位：元

年	0	1	2	3	4	5	6
净现金流量	−20 000	3 000	5 000	5 000	5 000	5 000	5 000
现金流量现值	−20 000	2 777.8	4 286.7	3 969.2	3 675.1	3 402.9	3 150.8
累计净现金流量折现值	−20 000	−17 222.2	−12 935.5	−8 966.4	−5 291.2	−1 888.3	1 262.5

$$动态投资回收期 \ T = 6 - 1 + \frac{|-1\,888.3|}{3\,150.8} = 5.6（年）$$

但是要注意,资金周转速度和获利性是两回事,周转快的不一定获利,获利的不一定周转快。

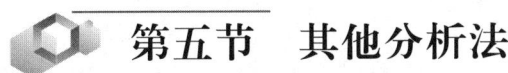

第五节　其他分析法

一、终值分析法

通过各种分析技术,已把各方案分解成可比的值。在现值分析中,是按照采取可行的步骤得出现在的结果来进行比较的;年值分析法中是根据等值等额年费用(或收益)来做比较的。可以看到,把现值转为年值,或者反过来,把年值转变为现值都比较容易。

但是,把各方案转换成可比值的概念,即不局限于现在的和年度的比较,而可以做出任一时点上的比较。如果现在采取某种投资行动,在许多情况下,需要知道将来的情况,这种把收益和费用都换算到将来的方法就叫终值分析法。

例 3-13:某航运公司决定投资建一座集装箱修造厂。有一家工厂售价 850 000 元,经扩建翻修可以使用;另一个方案是花 85 000 元买一块空地建新厂。这两种方案都要 3 年才能使工厂投产。工厂各种设备所需时间和费用如表 3-17 所示。

表 3-17　工厂各种设备所需时间和费用表

年	建造新厂	购进改建旧工厂
0	土地费 85 000 元	购进费 850 000 元
1	设计初建费 200 000 元	设计初建费 250 000 元
2	建造费 1 200 000 元	附件更新费 250 000 元
3	设备安装费 200 000 元	设备安装费 250 000 元

如果利率是 8%,第 3 年年末该公司开始投产时,哪一个方案最优?

解:这两个方案的现金流量如图 3-4 所示。

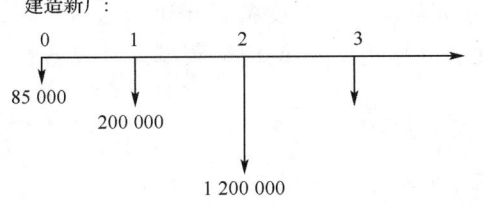

图 3-4　例 3-13 的现金流量图

建造新厂终值$(FV)=85\,000(F/P,8\%,3)+200\,000(F/A,8\%,3)+$
$$1\,000\,000(F/P,8\%,1)=1\,836\,300(元)$$

购进改建旧工厂终值$(FV)=850\,000(F/P,8\%,3)+250\,000(F/A,8\%,3)$
$$=1\,882\,500(元)$$

购进改建旧工厂的终值费 1 882 500 元大于建造新厂的终值费 1 836 000 元,因此新建厂方案为优。

如果不考虑资金的时间价值,则购进改建厂的总费用 1 600 000 元,小于新建厂的总费用 1 685 000 元,如直接比较必然会导致错误的决策。

二、收益费用比分析法

1.收益费用比的表达式

收益费用比分析法可以分别用现值法及年值法来表示,收益费用比分析法的计算公式,现值法表示为:

$$B/C=收益现值/费用现值 \tag{3-15}$$

年值法表示为:

$$B/C=EUAB/EUAC \tag{3-16}$$

2.判别准则

在收益费用比分析法中,对单一方案的分析评价准则为:

若 $B/C\geqslant1$,则认为该方案在经济上可行,项目可以接受;

若 $B/C<1$,则认为该方案在经济上不可行,项目应被拒绝。

对两个相互排斥的方案,如果 $B/C\geqslant1$,两个方案都可行,那么如何确定最佳方案呢? 其判别准则如表 3-18 所示。

表 3-18 收益费用比判别准则

情况	准则
1. 相等投入	B/C 最大
2. 相等产出	B/C 最大
3. 投入和产出均不相等	计算 $\Delta B/\Delta C$,如果 $\Delta B/\Delta C\geqslant1$,则选投资(现值)较高的方案;否则选投资(现值)较低的方案

注:B/C 为收益费用比;$\Delta B/\Delta C$ 为增量收益费用比(设 $\Delta B>0$,$\Delta C>0$)。

3.收益费用比的计算

为说明收益费用比分析方法,考虑如下案例。

例 3-14:两台船用设备费用均为 10 000 元,使用期为 5 年。A 设备每年可节省 3 000 元,B 设备第一年可节省 4 000 元,以后逐年递减 500 元。利率为 7%,问应购买哪一种设备?

解:设备 A:

$$费用现值=10\,000 元$$
$$收益现值=3\,000(P/A,7\%,5)=3\,000\times4.10=12\,300(元)$$
$$B/C=收益现值/费用现值=12\,300/10\,000=1.23$$

设备 B：

$$费用现值 = 10\ 000(元)$$
$$收益现值 = 4\ 000(P/A,7\%,5) - 500(P/G,7\%,5)$$
$$= 4\ 000 \times 4.10 - 500 \times 7.647 = 12\ 576.5(元)$$
$$B/C = 1.26$$

两个方案的 $B/C \geqslant 1$，则两个方案都可行，选用收益费用比（B/C）最大者为最优方案，即应购买设备 B。

例 3-15：有 X、Y 两台机器可供选购，假定利率为 10%，问购买哪台好？已知 X、Y 两方案如表 3-19 所示。

表 3-19　X,Y 两方案表

	机器 X	机器 Y
初期费用（元）	200	700
等额年收益（元）	95	120
使用期末残值（元）	50	150
使用期（年）	6	12

解：若用最小公倍数法，则计算期为 12 年，其现金流量如表 3-20 所示。

表 3-20　现金流量表　　　　　　　　　　　　　　　单位：元

年	机器 X	机器 Y
0	−200	−700
1—5	+95	+120
6	+95 −200 +50	+120
7—11	+95	+120
12	+95 +50	+120 +150

对于使用期不同的方案可以采用年值法来计算选择。为了解决这个问题，可用公式 $B/C = EUAB/EUAC$，而且把机器残值作为费用降低（而不是增加收益）来考虑。

机器 X：

$$EUAC = 200(A/P,10\%,6) - 50(A/F,10\%,6)$$
$$= 200 \times 0.230 - 50 \times 0.130 = 40(元)$$
$$EUAB = 95(元)$$

（注意：假定最后 6 年的设备置换费与原费用相同，在这种情形下，头 6 年的 $EUAC$ 值等于整个 12 年的 $EUAC$ 值。）

机器 Y：

$$EUAC = 700(A/P,10\%,12) - 150(A/F,10\%,12)$$
$$= 700 \times 0.147 - 150 \times 0.046\ 8 = 96(元)$$
$$EUAB = 120(元)$$

计算增量收益费用比机器 Y—机器 X：

$$\Delta B / \Delta C = (120 - 95)/(96 - 40) = 0.45$$

由于收益费用增量比小于1,说明投资增量不理想,因此选择投资(现值)较低的方案,即机器 X。

再计算各台机器的收益费用比,结果会得出

$$机器\ X:B/C = 95/40 = 2.38$$
$$机器\ Y:B/C = 120/96 = 1.25$$

两个方案的 $B/C \geqslant 1$,则两个方案都可行,如果选用收益费用比(B/C)最大者为最优方案,即应购买机器 X。

但是,当投入和产出均不相等时,不能贸然结论 B/C 值最大的方案就是最好的方案。有时会出现相反的结论,当检验三个或更多的方案的实例时,就会看出这也会导致错误的决策。

第六节   多方案的比较和选择

对于单方案而言,只要应用以上的评价方法就可决定方案的取舍。但在实践中,往往面临许多项目,每个项目又会有很多方案,这些方案的关系有很多种,评价方法随之而异。为了做出正确的选择,首先应判明方案的相互关系,然后用相应的评价方法,从几个项目方案中进行比较,合理地进行最优选择,以达到正确决策的目的。

一、方案的分类

按方案相互之间的经济关系,可以将方案分为独立方案、互斥方案和混合方案。

1.独立方案

所谓独立方案是指如果采纳(或放弃)某一方案并不显著地改变其他方案的现金流量,或者不影响其他方案的采纳(或放弃),则认为这两个方案在经济上是不相关的。

2.互斥方案

所谓互斥方案是指同一项目内的不同备选方案或不同的投资项目,它们之间相互排斥,可以互相替代,采纳一组方案中的某一个方案,必须放弃其他方案的情况,同一项目不同备选方案之间显然是互斥关系。

3.混合方案

所谓混合方案是指兼有独立方案和互斥方案的混合情况。例如,某航运企业要开辟新航线的投资有 A_1、A_2 两个互斥方案;要购置新船舶的投资有 B_1、B_2 两个互斥方案,而开辟新航线和购置新船舶可视为互不干涉的独立方案。这时,该企业需要从互斥方案和独立方案组成的混合方案中加以选择。实际工作中,这是最普遍的类型。

二、互斥方案的比较和选择

在实际技术经济分析中,常常会遇到具有两个以上方案可供选择的情况。事实上,多方案的问题也可以用与两方案的问题完全相同的方法求解。如果项目有多个方案,为了对各方案的结果进行比较,必须根据已知条件选择适合的判别准则。

1.互斥方案的比较原则

对于互斥方案的比较,情况比较复杂,有可能采用不同的指标导致相反的结论,需要根据具体情况选择适当的方法和指标。进行互斥方案比较,必须明确以下三点原则。

(1)可比性原则。两个互斥方案必须具有可比性。

(2)增量分析原则。对现金流量的差额进行评价,考察追加投资在经济上是否合算,如果增量收益超过增量费用,那么增加投资的方案是值得的。

(3)选择正确的评价方法。需要合理选用恰当的评价指标。

2.使用期相同的互斥方案的比较和选择

使用期相同的互斥方案可以以使用期作为计算期进行评价,符合时间可比性原则。前面所介绍的所有评价方法、指标都可以使用,如净现值法、净年值法、费用现值法、费用年值法、差额内部收益率法和差额收益费用比法等。

(1)净现值法

如果方案的投入和产出都不相等,即资金或其他投入不相等,收益或其他产出也不相等,则可以使用净现值法来判别。净现值法的判别准则就是选择净现值最大的方案为最优方案。

例 3-16:某国际航运公司付给一家航运咨询公司 50 万元,要求其替该公司分析某一国际环球班轮航线,公司应选择何种船型的集装箱船舶投入营运,航运咨询公司提出了四个方案,如表 3-21 所示。

表 3-21　各投资方案表

方　　案	总投资 (万元)	平均年收益 (万元)	20 年末的残值 (万元)
A:不投资	0	0	0
B:投资建造第 2 代集装箱船	5 000	510	300
C:投资建造第 3 代集装箱船	9 500	1 050	350
D:投资建造第 4 代集装箱船	15 000	1 500	400

假如最低希望收益率为 10%,该航运公司该怎么办?

解:方案 A:不投资。

$$NPV=0$$

方案 B:投资建造第 2 代集装箱船。

$$NPV=510(P/A,10\%,20)+300(P/F,10\%,20)-5\ 000$$
$$=510\times8.514+300\times0.148\ 6-5\ 000=-613.28(万元)$$

方案 C:投资建造第 3 代集装箱船。

$$NPV=1\ 050(P/A,10\%,20)+350(P/F,10\%,20)-9\ 500$$
$$=1\ 050\times8.514+350\times0.148\ 6-9\ 500=-508.29(万元)$$

方案 D:投资建造第 4 代集装箱船。

$$NPV=1\ 500(P/A,10\%,20)+400(P/F,10\%,20)-15\ 000$$
$$=1\ 500\times8.514+400\times0.148\ 6-15\ 000=-2\ 169.56(万元)$$

判别准则是选净现值最大者,因此方案 A 为最佳方案。

也可以用增量净现值法进行选择,将可行方案投资额从小到大依次排列顺序为 A、B、C、D,以方案 A、B 为例,当 $\Delta NPV_{B-A} < 0$ 时,选择方案 A、B 中投资(现值)小的方案;当 $\Delta NPV_{B-A} > 0$ 时,选择方案 A、B 中投资(现值)大的方案,依此类推,进行两两比较,得出最后结论。增量净现值法得出的结论和净现值法得出的结论相同。

在通常情况下,可行性方案之一就是保持现状,在这个例子中,最佳选择是不进行投资。

在这一投资案例的分析计算过程中,并没有考虑航运公司已花费的 50 万元咨询费,因为这 50 万元是过去的费用,它是作为一项沉没成本(沉没成本是指成本与投资规划无关,因而在决策时可不予考虑的成本)来处理的,并不妨碍投资者做出现有的最好决策。

(2)差额内部收益率法

一般情况下,多方案差额内部收益率法的步骤如下:

①计算各方案的内部收益率,舍去内部收益率小于基准收益率的方案。

②把保留的方案按投资(现值)由小到大的顺序重新排序。

③从投资(现值)最低的方案开始,对两个投资相对低的方案进行分析,将计算出来的收益率与基准收益率进行比较。如果差额内部收益率(ΔIRR)大于或等于基准收益率,则选用投资(现值)较高的方案;如果差额内部收益率小于基准收益率,则选用投资(现值)较低的方案,从而选出两个方案中最好的方案。

④把③中选出的可取方案和下一个投资(现值)较高的方案进行比较,再选出最好的方案。

辗转比较下去,直到所有方案都被检验完毕,找出多方案中的最优方案。

例 3-17:提供 5 个使用期长达 20 年的相互排斥的方案的资料如表 3-22 所示。

表 3-22　现金流量表　　　　　　　　　　　　　　　　　　　　单位:元

	A	B	C	D	E
费用	4 000	2 000	6 000	1 000	9 000
等额年收益	639	410	761	117	785

如果利率为 6%,应选哪个方案?

解:(1)计算各方案的内部收益率,如表 3-23 所示。

表 3-23　各方案的内部收益率

方案	A	B	C	D	E
收益率	15%	20%	11.2%	10%	6%

所有方案的内部收益率都不小于基准收益率,所以 5 个方案都可行。

(2)按投资费用现值由小到大重新排序,如表 3-24 所示。

表 3-24　重新排序现金流量表　　　　　　　　　　　　　　　　单位:元

方案	D	B	A	C	E
费用	1 000	2 000	4 000	6 000	9 000
等额年收益	117	410	639	761	785

(3)计算差额内部收益率,如表 3-25 所示。

表 3-25　差额内部收益率表　　　　　　　　　　单位:元

方案	B—D	A—B	C—A	E—A
费用	1 000	2 000	2 000	5 000
等额年收益	293	229	122	146
增量收益率	28%	10%	2%	<0.5

分析:B 比 D 好,A 比 B 好,C 不如 A,E 不如 A,因此 A 为最优方案。

(3)增量收益费用比法

一般情况下,多方案增量收益费用比步骤如下:

①计算各方案的收益费用比,舍去收益费用比小于 1 的方案。

②把保留的方案按投资(现值)由小到大的顺序重新排序。

③从投资(现值)最低的方案开始,对两个费用低的方案进行分析,若 $\Delta B/\Delta C \geqslant 1$,则选投资(现值)较高的方案;若 $\Delta B/\Delta C < 1$,选投资(现值)较低的方案,从而选出两个方案中的最好方案。

④把③中选出的可取方案和下一个投资(现值)较高的方案进行比较,再选出最好的方案。

⑤辗转比较下去,直到所有方案都被检验完毕,找出多方案中的最优方案。

例 3-18:已知 6 个相互排斥的方案如表 3-26 所示,它们的使用期都为 20 年,无残值。假使最低希望收益率($MARR$)为 6%,应选择哪个方案?

表 3-26　现金流量表

方案	A	B	C	D	E	F
费用(元)	4 000	2 000	6 000	1 000	9 000	10 000
收益现值(元)	7 330	4 700	8 730	1 340	9 000	9 500

解:需用增量分析法求解这个问题,步骤如下:

(1)计算出各方案的 B/C 值,淘汰 $B/C < 1$ 的方案 F,如表 3-27 所示。

表 3-27　各方案的 B/C 值

方案	A	B	C	D	E	F
B/C=收益现值/费用现值	1.83	2.35	1.46	1.34	1.00	0.95

(2)剩下的方案按费用现值由小到大的顺序重新排序,如表 3-28 所示。

表 3-28　重新排序现金流量表

方案	D	B	A	C	E
费用(元)	1 000	2 000	4 000	6 000	9 000
收益现值(元)	1 340	4 700	7 330	8 730	9 000

(3)计算增量收益费用比,如表 3-29 所示。

表 3-29　增量现金流量表

方案	B—D	A—B	C—A	E—A
费用增量(ΔC)	1 000	2 000	2 000	5 000
收益增量(ΔB)	3 360	2 630	1 400	1 670
$\Delta B/\Delta C$	3.36	1.32	0.70	0.33

根据判别准则,由 $\Delta B/\Delta C$ 的各个值可确定 B 比 D 好,A 比 B 好,A 比 C 好,A 比 E 好,故 A 为最优方案。

应当注意到,该实例中的最优方案并不是 B/C 值最高的方案 B。

3.使用期不同的互斥方案的比较和选择

多个方案的使用期如果不相同,往往需要选取一个一致的计算期,具体方法有最小公倍数法、最大(小)使用期法和公共计算期法,也可以采用年值法,计算更加简便。

例 3-19:设有 A、B、C 三个互斥方案,各方案的有关数据如表 3-30 所示,基准收益率为 5%,试选择最佳方案?

表 3-30 方案 A、B、C 有关数据

方案	初始投资(万元)	年净收益(万元)	使用期(年)
A	350	70	6
B	200	48	5
C	420	87	8

解:若采用最小公倍数法则 A、B、C 三个互斥方案的使用期的最小公倍数为 120,这个计算期不现实,此方法不可取。可以考虑采用最大(或最小)使用期法或公共计算期法。

方法一:最小使用期法

由题意可知最小使用期为 5 年。

$$NPV_A = [-350+70\times(P/A,5\%,6)]\times(A/P,5\%,6)\times(P/A,5\%,5)$$
$$= 4.537(万元)$$

$$NPV_B = -200+48\times(P/A,5\%,5) = 7.792(万元)$$

$$NPV_C = [-420+87\times(P/A,5\%,8)]\times(A/P,5\%,8)\times(P/A,5\%,5)$$
$$= 95.285(万元)$$

因为 $NPV_A < NPV_B < NPV_C$,所以方案 C 最优。

方法二:净年值法

$$NAV_A = -350\times(A/P,5\%,6)+70 = 1.043(万元)$$

$$NAV_B = -200\times(A/P,5\%,5)+48 = 1.806(万元)$$

$$NAV_C = -420\times(A/P,5\%,8)+87 = 22.017\ 6(万元)$$

因为 $NAV_A < NAV_B < NAV_C$,所以方案 C 最优。

三、独立方案的选择

1.独立方案选择的原则

所谓独立方案的择优是指独立方案的优化组合,即对实现预定目标的若干可供选择的独立方案进行组合,并选择最有利的组合方案。

独立方案择优的原则是:

(1)独立方案的取舍只取决于方案自身的经济性,即只需要检验它们是否能够通过净现

值、净年值或内部收益率指标的评价标准,一组独立方案中各方案之间无需进行相互比较;

（2）一组独立方案可以接受一个或几个方案,也可以一个都不接受,这取决于与评价标准比较的结果。

独立方案的优化组合会出现两种情况:

一是无资金限额下独立方案的优化组合。无资金限额是指项目不受资金的约束,只要看评价指标是否达到某一评价标准。在独立方案的经济评价中,用净现值法、净现值率法、内部收益率法等方法来判断项目可行性所得出的结论是一致的。

二是有资金限额下独立方案的优化组合。在项目方案选择中,由于资金缺乏而限制投资是经常遇到的。受资金限制的投资方案组合的选择,是指待选方案都是独立方案,即选定其中一个方案,并不排斥其他方案的选择。受资金限制的投资方案评价常采用内部收益率法、净现值法和收益费用比法。

2.资金有限额条件下独立方案的选择

所谓互斥方案组合法,就是对各独立方案进行组合,所组成的各组合方案之间就存在互斥关系。在满足资金数额限制下,采用互斥方案的评价方法就可以比较和选择出最优方案组合。

用净现值法解决各方案间资金分配问题时,一般按以下步骤计算:

①计算各独立方案 NPV ,并将净现值为负的方案舍弃。

②建立互斥的方案组合,独立方案个数为 m ,变量数为 2 ,则方案组合数为 $2m$ 个。

③将组合方案投资从小到大依次排列,找出组合方案投资额不超出资金限制的组合方案,再从中找出组合方案净现值最大的组合方案为最优方案。

例 3-20:某航运公司有 A、B、C 三个独立的投资方案,有关数据如表 3-31 所示,目前该公司可筹集资金 4 500 万元, $i_0=8\%$ 。问:应如何选择方案?

表 3-31　方案 A、B、C 有关数据

方案	初始投资（万元）	年净收益（万元）	使用期（年）
A	1 000	600	3
B	3 000	1 500	3
C	4 000	2 050	3

解:使用期相同的独立方案,建立的组合方案（互斥关系）使用期也相同,因此评价指标可以选择 NPV 或 NAV 。本题以 NPV 为例。

（1）计算各独立方案 NPV :

$$NPV_A=-1\,000+600(P/A,8\%,3)=546(万元)$$

$$NPV_B=-3\,000+1\,500(P/A,8\%,3)=866(万元)$$

$$NPV_C=-4\,000+2\,050(P/A,8\%,3)=1\,283(万元)$$

（2）建立互斥的方案组合,并将组合方案投资从小到大依次排列,如表 3-32 所示,找出组合方案投资额不超出资金限制 4 500 万元的组合方案,再从中找出组合方案净现值最大的组合方案为最优方案。

表 3-32　A、B、C 独立方案组成的互斥方案组合情况

组合方案序号	构成情况			初始投资(万元)	净现值(万元)	决策
	A	B	C			
1	0	0	0	0	0	
2	1	0	0	1 000	546	
3	0	1	0	3 000	866	
4	0	0	1	4 000	1 283	
5	1	1	0	4 000	1 412	最优
6	1	0	1	5 000	1 829	超出资金限额
7	0	1	1	7 000	2 149	超出资金限额
8	1	1	1	8 000	2 695	超出资金限额

结论:在资金限额 4 500 万元下组合方案净现值最大的是第 5 组,即 A、B 组合为最佳方案。

· 重要概念 ·

净现值;内部收益率;投资回收期;最小公倍数法;互斥方案组合法。

练习题

1.什么是净现值?什么是净年值?两者有何区别和联系?

2.什么是费用现值?什么是费用年值?两者有何区别和联系?

3.用 IRR 法和 NPV 法进行多方案评价时,所得的结论是否完全一致?为什么?

4.在公共事业项目评价中,为什么最常采用收益费用比法,而不是净现值法或内部收益率法?

5.互斥方案比较的原则是什么?

6.独立方案比较的原则是什么?

7.可供选择的两种船用设备,资料如表 3-33 所示。两种船用设备使用寿命相同,都是 5 年,年利率为 8%。试用现值法评价和选择最优方案。

表 3-33　两种船用设备的数据资料　　　　　　　　　　　单位:元

方案	投资	等额年收益	等额年成本	残值
A	10 000	5 000	2 200	2 000
B	12 500	7 000	4 300	3 000

8.某厂技术改革有两个方案,具体数据如表 3-34 所示,基准收益率为 15%,用现值法(最小公倍数法)和年值法确定选用哪一个方案?

表 3-34　技术改革两个方案　　　　　　　　　　　　　单位:万元

方案	投资	等额年成本	残值	计算期/年
A	10 000	3 400	1 000	6
B	16 000	3 000	2 000	9

9.某一货船,造价 500 万元,10 年营运期内每年运费收入为 130 万元,年营运费用 50 万元,第 10 年末可卖出 200 万元,求 IRR。($i_0 = 12\%$)

10.现金流量如表 3-35 所示,$i_0 = 15\%$,用差额内部收益率法选择最优方案。

表 3-35　现金流量表　　　　　　　　　　　　　　　单位:元

年度	A_0	A_1	A_2	A_3
投资(第 0 年)	0	5 000	8 000	10 000
收益(第 1~10 年)	0	1 400	1 900	2 500

11.项目初期投资 5 亿元,每年等额获利 1.06 亿元,假设年利率为 10%,求静态和动态回收期。

12.某项投资方案各年份净现金流量如表 3-36 所示,求投资回收期。标准投资回收期 $T^* = 4$ 年,$i_0 = 8\%$。

表 3-36　现金流量表　　　　　　　　　　　　　　　单位:万元

年限	0	1	2	3	4	5	6	7
投资	−700	−300						
净收益		200	400	500	500	500	500	800

13.某项目的现金流量如表 3-37 所示,运用收益费用比法判断此方案是否可行?($i_0 = 10\%$)

表 3-37　现金流量表　　　　　　　　　　　　　　　单位:万元

项目	1	2	3	4	5	6	7
投资额	2 500	2 500					
年收益			1 700	1 700	1 700	1 700	1 700
年费用			600	600	600	600	600

第四章
不确定性评价方法

学习要点

1.掌握线性盈亏平衡分析的概念和假设条件；

2.熟练掌握线性盈亏平衡产量和生产能力利用率的公式及计算；

3.掌握敏感性分析的概念和计算步骤；

4.熟练掌握单因素敏感性分析的计算方法,了解双因素敏感性分析的计算方法；

5.掌握概率分析的概念和判别准则；

6.理解概率分析的计算方法。

作为投资决策依据的技术经济分析,是建立在分析人员对未来事件的预测与判断基础之上的。为了尽量避免决策失误,分析人员需要了解各种外部条件发生变化时,对方案经济效果的影响程度；需要了解投资方案对各种外部条件变化的承受能力以及对应于可能发生的外部条件的变化投资方案经济效果的概率分布；需要掌握风险条件下正确的决策原则与决策方法。

第一节　盈亏平衡分析

盈亏平衡分析是指通过计算项目达产年的盈亏平衡点(Break Even Point,BEP),分析项目成本与收入的平衡关系,判断项目对产出品数量变化的适应能力和抗风险能力。盈亏平衡分析只用于财务分析。盈亏平衡分析的主要目的是通过盈亏平衡的计算和确定盈亏平衡点,来分析和评价产量、经营成本、收入与利润之间的制约关系。

盈亏平衡点是项目的盈利与亏损的转折点,在这一点上营运收入等于总成本费用,用以考察项目对产出品(产量)变化的适应能力和抗风险能力。盈亏平衡点越低,表明项目适应产出品(产量)变化的能力越强,抗风险能力越强。

一、线性盈亏平衡分析的假设条件

盈亏平衡分析分为线性盈亏平衡分析和非线性盈亏平衡分析,项目评价中一般仅进行线

性盈亏平衡分析。线性盈亏平衡分析有以下几个假设条件:

(1)产量等于销量,即当年生产的产品当年销售出去;

(2)产量变化,单位可变成本不变,从而总成本费用是产量的线性函数;

(3)产量变化,产品售价不变,从而销售收入是销售量的线性函数;

(4)按单一产品计算,当生产多种产品,应换算为单一产品,不同产品的生产负荷率的变化应保持一致;

(5)采用的数据是指项目正常生产经营年份内的数据。

二、盈亏平衡点的计算

盈亏平衡点的表达形式有多种,项目评价中最常用的是以产量和生产能力利用率表示的盈亏平衡点。盈亏平衡点一般采用公式计算,也可利用盈亏平衡图来求取。

1.公式计算法

(1)根据上述假设可知:

$$Y_1 = P \cdot Q \tag{4-1}$$

$$Y_2 = F + V \cdot Q \tag{4-2}$$

式中:Y_1——经营收入;

Y_2——经营成本;

Q——产量;

F——固定成本;

V——单位变动成本;

P——单位价格。

解:上述方程得:

$$BEF_{产量} = \frac{F}{P-V} \tag{4-3}$$

以产量(运量)表示盈亏平衡点,表明企业不发生亏损时所必须达到的最低限度的产量。一个拟投资的项目如果具有较小的以产量表示的盈亏平衡点,则说明该项目只要达到较低的产量即可保本,也表明该项目可以经受经营生产规模变动较大的风险。

对投资项目进行盈亏平衡分析时,还应考虑税金的因素,因为税金(营业税、所得税、城市维护建设税等)不在营运成本中开支,而是直接从收入中支付,因此税金的多少,也会影响国际航运投资项目盈亏平衡点的位置。这样式(4-1)应改为 $Y_1 = (P-R)Q$,则:

$$BEP_{产量} = \frac{F}{P-R-V} \tag{4-4}$$

式中:R——单位产量税金。

(2)盈亏平衡点还可以用生产能力利用率来表示,计算公式为:

$$BEP_{生产能力利用率} = \frac{Q_E}{Q_0} \times 100\% \tag{4-5}$$

式中:Q_0——规划年产量。

以运营能力利用率(货载率)表示的盈亏平衡点表明项目不发生亏损时所必须达到的最低限制的生产能力。一个投资项目如果具有较小的以生产能力利用率表示的盈亏平衡点,则说明当项目投入生产经营后其实际生产能力偏离规划能力很大时,项目仍能保本,因而可以经受较大的风险。

盈亏平衡点的生产能力利用率是负向指标,该指标越小说明现有或预计产量距离盈亏平衡状态下的产量越远,经营越安全。判别标准为:高于 90% 为危险;80%～90% 为提起注意;70%～80% 为较为安全;60%～70% 为安全;60% 以下为十分安全。

2.图解法

盈亏平衡点采用图解法求得,见图 4-1。

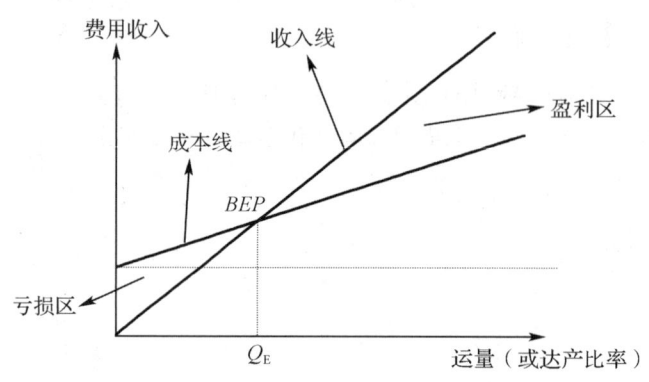

图 4-1　盈亏平衡分析图

图 4-1 中收入线与总成本费用的交点就是盈亏平衡点,这一点所对应的产量即为 $BEP_{产量}$,也可以换算为 $BEP_{生产能力利用率}$。

三、实例测算

例 4-1:中国—东南亚航线上的某 3 000 吨级船舶,每年大约营运 25 个航次,平均运费收入为每吨 200 元,年总成本为 1 125 万元,其中船价折旧费为 380 万元,燃油费为 300 万元,港口费为 150 万元,船员工资为 75 万元,保险费为 50 万元,维修、备件费为 120 万元,管理费为 50 万元,年营业税为年营业收入的 3%,试计算盈亏平衡点。

解:为计算该盈亏平衡点,根据上述数据,可得:

$$年固定总成本 = 380 + 75 + 50 + 120 + 50 = 675(万元)$$
$$年可变总成本 = 300 + 150 = 450(万元)$$
$$年总运量 = 0.3 × 25 = 7.5(万吨)$$
$$年总营运收入 = 7.5 × 200 = 1\,500(万元)$$
$$单位营运变动成本 = 450/7.5 = 60(元/吨)$$
$$单位营运收入税金 = 1\,500 × 3\%/7.5 = 6(元/吨)$$
$$BEP_{产量} = 675/(200 - 60 - 6) = 5.04(万吨)$$

计算表明,该航线船舶运量达到 5.04 万吨时即可保本。

如果考虑盈亏平衡生产能力利用率,则:

$$BEP_{生产能力利用率} = \frac{50\,400}{3\,000 × 25} × 100\% = 67.2\% < 70\%$$

如果该航线船舶能够达到 67.2% 的货载率,即可保本,该项目经营安全,风险小。

第二节 敏感性分析

一、敏感性分析的概念

敏感性是指一个投资方案的许多基本变量因素中,如果某一个或几个因素稍有变化,即可引起某一个或几个经济指标发生明显变化,以致会改变原来的决策,那么这一方案关于这个因素或这几个因素的不确定性是敏感的,则被称为敏感性方案,这一个或几个因素则被称为敏感性因素;如果某一个或几个因素可以在很大的数值范围内变化而不影响原来的决策,说明该方案对这一个或几个因素的不确定性是不敏感的,则被称为不敏感方案,这一个或几个因素则被称为不敏感因素。

敏感性分析是在方案分析评价中,找出对项目的经济指标反应敏感的变量因素,测定这一个或几个因素在一定范围内变动时对有关经济指标的影响程度的动态分析法。敏感性分析可同时用于财务评价和国民经济评价。它是投资项目经济评价中一个很重要的不确定分析方法。它是分析敏感因素在一定范围内变动时对其经济效果指标的影响程度,如净现值和内部收益率等对一些不确定性因素的敏感程度。

二、敏感性分析的步骤

1.选择需要分析的不确定因素

影响投资项目经济效果的不确定因素很多,可以说凡是影响方案经济效果的因素都在某种程度上带有不确定性。但没有必要也不可能对所有的不确定因素都进行敏感性分析。一般来说,对于投资项目的敏感性分析,其不确定因素大体包括以下几种。

(1)投资额

对于建设项目来说,可以选择项目建设投资额作为不确定因素;而对于设备购置项目来说,则选择设备的购置价作为不确定因素;对于企业的其他类投资项目,则选择其投资总额作为不确定因素。

(2)价格

对于企业来说,价格的高低将直接影响着收入的多少,从而对其投资的经济效果也将产生影响。

(3)产量

产量的多少对投资来说也具有较大的影响。

(4)经营成本

对企业来说,其经营成本的大小将对投资的经济效果产生重要的影响。

(5)利率

利率(即基准收益率)的高低将直接影响着企业投资的经济效果。

(6)项目的使用年限

项目的使用年限(即项目的寿命期)也是影响投资项目经济效果的重要因素之一。

此外还有建设工期、生产负荷、残值、汇率等不确定因素。

2.确定所选定的不确定因素的变化范围

对于所选定的不确定因素,通常需要给出这些因素按一定比例变化的变动范围,如选择所选定的不确定因素变化的范围为±5%、±10%、±15%、±20%等。

3.确定经济效果指标

敏感性分析的经济效果指标可以有多种选择,如净现值、净年值、内部收益率、投资回收期等。由于敏感性分析是在确定性经济分析的基础上进行的,就一般情况而言,敏感性分析的经济效果指标应与确定性分析的经济效果评价指标相一致,不应超出确定性分析所用指标的范围而增设其他指标。当确定性分析中使用的指标比较多时,敏感性分析可围绕其中一个或若干个重要指标进行,最基本的分析指标是内部收益率。

4.计算敏感性分析结果

根据所选定的不确定性因素,选择经济效果指标,分别令各个不确定性因素按所选定变化范围与变化幅度变化,计算出相应的经济效果指标(如净现值、内部收益率等)的各个相应计算结果,并将这些计算结果用图或表的形式表示出来。

5.确定敏感性因素,判断投资方案的风险性

根据前面计算出的各个经济效果指标的结果找出敏感性因素。判别敏感性因素的方法有敏感度系数和临界点两种。

敏感度系数(S_{AF})是指项目经济评价指标变化率与不确定性因素变化率之比,可按下式计算:

$$S_{AF} = \frac{\Delta A / A}{\Delta F / F} \tag{4-6}$$

式中:$\Delta A / A$—— 不确定性因素 F 发生 ΔF 变化时,评价指标 A 的相应变化率。

$\Delta F / F$—— 不确定性因素 F 的变化率;

敏感度系数 $S_{AF} > 0$,表示评价指标与不确定因素同方向变化;$S_{AF} < 0$,表示评价指标与不确定因素反方向变化。$|S_{AF}|$ 较大者敏感度系数高。

临界点(转换值)是指不确定性因素的变化使项目由可行变为不可行的临界数值,一般采用不确定性因素相对基本方案的变化率或其对应的具体数值表示。临界点可通过敏感性分析因素图得到近似值,也可采用试算法求解。

敏感性分析是通过分析不确定性因素发生增减变化时,对财务或国民经济评价指标的影响,并计算敏感度系数和临界点,结合敏感度系数及临界点的计算结果,按不确定因素的敏感程度进行排序,找出最敏感的因素,分析敏感因素可能造成的风险,并提出应对措施。根据每次变动因素的数目不同,敏感性分析可分为单因素敏感性分析与多因素敏感性分析。

■■ 三、单因素敏感性分析

单因素敏感性分析是指每次只改变一个因素的数值来进行分析,估算单个因素的变化对项目经济效果指标(如净现值和内部收益率等)产生的影响,以确定投资项目的敏感程度,从而测定项目所能承受的风险。为了找出关键的敏感性因素,通常进行单因素敏感性分析。

例 4-2:某远洋运输公司拟购置一艘 21 000 载重吨的新件杂货船,用于中国—欧洲往返航线的运营。船舶固定费用开支:年船员工资为 25 万美元,年修理、备件费 30 万美元,共同分担费 69.8 万美元,保险费 8.4 万美元,去程运输货物为农产品,货运量为 1.6 万吨,运价 35 美元/吨,佣金率 5%,装卸天数 25 天,航行天数 28 天,装卸条款 FIOST,港口费 6 万美元,运河费 9 万美元。回程货物为钢材,货运量为 1.8 万吨,运价 45 美元/吨,装卸天数为 20 天,航行天数为 28 天,港口、运河费同去程。船舶燃油消耗 18 吨/天,柴油消耗 1.7 吨/天,燃油价 100 美元/吨,柴油价 200 美元/吨。如果投资(即船价)为 1 200 万美元,折旧年限为 18 年,残值为原值的 5%,年运营天数为 355 天,基准收益率为 7.5%,试就船舶投资额、运价、营运成本及基准收益率的变化,分析对船舶净现值的敏感性。

解:根据上述所给出的条件,运量运费收入及各项费用估算如表 4-1 所示。

表 4-1 运量运费收入及各项变动费用估算表 单位:美元

航线	货种	贸易量(吨)	运价	运费收入	佣金率
中国—欧洲	农产品	16 000	35	532 000	5%
欧洲—中国	钢材	18 000	45	769 500	5%

装卸天数	航行天数	燃油费	柴油费	港口费	运河费	变动费用合计
25	28	50 400	18 020	60 000	90 000	218 420
20	28	50 400	16 320	60 000	90 000	216 720

船舶固定费用 = 250 000 + 300 000 + 698 000 + 84 000 = 1 332 000(美元)

根据上表的资料,计算船舶营运的年收入和年营运费用分别为:

年运费收入 = (532 000 + 769 500) × (355/101) = 457.46(万美元)

年营运费用 = (218 420 + 216 720) × (355/101) + 1 332 000 = 286.15(万美元)

净现值为:NPV = (年收入 − 年营运费用) × (P/A,7.5%,18) +

残值 × (P/F,7.5%,18) − 投资

= (457.46 − 286.15) × 9.715 5 + 1 200 × 0.05 × 0.273 1 − 1 200

= 479.06(万美元)

下面对影响净现值大小的几个因素——投资额、年营运费、运价及基准收益率做进一步敏感性分析。

1.投资额(船价)的敏感性

对投资额增加或减少−20%、−10%、10%、20%四种情况,并假定其他因素不变,分别计算净现值对船价的敏感性,计算结果如表 4-2 所示。

表 4-2 船价的敏感性 单位:万美元

增减百分数(%)	−20	−10	0	10	20
投资额	960	1 080	1 200	1 320	1 440
残值	48	54	60	66	72
年营运费	286.15	286.15	286.15	286.15	286.15
年收入	457.46	457.46	457.46	457.46	457.46
基准收益率(%)	7.5	7.5	7.5	7.5	7.5
净现值	717.47	599.11	479.06	362.39	244.02

2.年营运费的敏感性

年营运费以−20%、−10%、10%、20%增减幅度变化,分析对净现值的敏感性如表 4-3 所示。

表 4-3　年营运费的敏感性　　　　　　　　　　单位:万美元

增减百分数(%)	−20	−10	0	10	20
投资额	1 200	1 200	1 200	1 200	1 200
残值	60	60	60	60	60
年营运费	228.92	257.54	286.15	314.27	343.38
年收入	457.46	457.46	457.46	457.46	457.46
基准收益率(%)	7.5	7.5	7.5	7.5	7.5
净现值	1036.77	758.71	479.06	202.69	−75.27

3.运价的敏感性

运价同样增减−20%、−10%、10%、20%,而其他因素不变,这时相应的计算结果如表4-4 所示。

表 4-4　运价的敏感性　　　　　　　　　　单位:万美元

增减百分数(%)	−20	−10	0	10	20
投资额	1 200	1 200	1 200	1 200	1 200
残值	60	60	60	60	60
年营运费	286.15	286.15	286.15	286.15	286.15
去程运价	28	31.5	35	38.5	42
回程运价	36	40.5	45	49.5	54
年收入	365.97	411.71	457.46	503.2	548.95
基准收益率(%)	7.5	7.5	7.5	7.5	7.5
净现值	−408.12	36.26	479.06	925.23	1 369.62

4.基准收益率的敏感性

基准收益率增减−20%、−10%、10%、20%,而其他因素不变,这时相应的计算结果如表 4-5所示。

表 4-5　基准收益率的敏感性　　　　　　　　　　单位:万美元

增减百分数(%)	−20	−10	0	10	20
投资额	1 200	1 200	1 200	1 200	1 200
残值	60	60	60	60	60
年营运费	286.15	286.15	286.15	286.15	286.15
年收入	457.46	457.46	457.46	457.46	457.46
基准收益率(%)	6	6.75	7.5	8.25	9
净现值	675.96	573.24	479.06	392.51	312.71

将上述计算结果汇总如表 4-6 所示,敏感性分析如图 4-2 所示。

表 4-6　各种因素的敏感性对比　　　　　　　　　　　　　　　　单位：万美元

序号	不确定因素	变化率（%）	净现值	敏感性系数	临界点（%）	临界值
	基本方案		479.06			
1	投资额	−20	717.47	−2.49	39.92	1 679.04
		−10	599.11	−2.51		
		10	362.39	−2.44		
		20	244.02	−2.45		
2	年营运费用	−20	1036.77	−5.82	17.25	335.50
		−10	758.71	−5.84		
		10	202.69	−5.77		
		20	−75.27	−5.79		
3	运价	−20	−408.12	9.26	−10.79	408.10
		−10	36.26	9.24		
		10	925.23	9.31		
		20	1 369.62	9.29		
4	基准收益率	−20	675.96	−2.06	70.98	12.82%
		−10	573.24	−1.97		
		10	392.51	−1.81		
		20	312.71	−1.74		

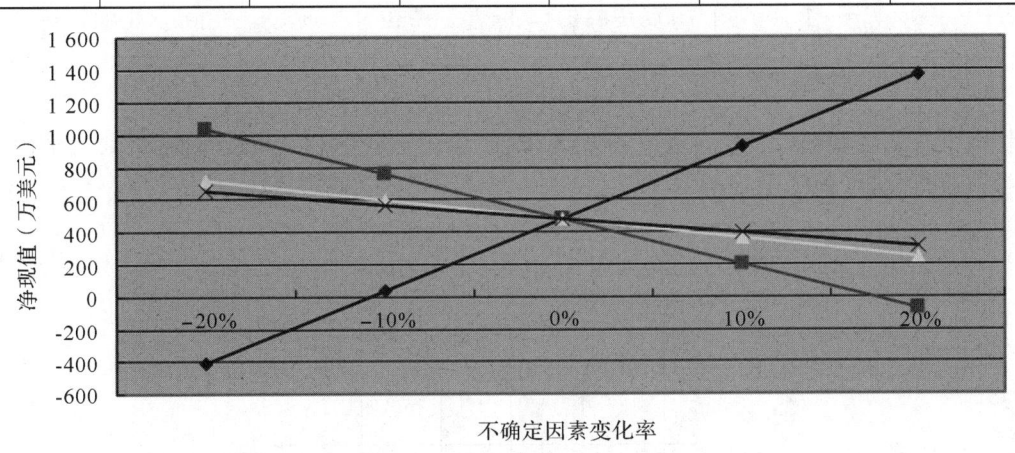

图 4-2　敏感性分析图

从表 4-6 和图 4-2 可以看出，各不确定因素中，运价的上下波动对指标影响最大，运价增加时，敏感度系数平均为 9.30；运价下降时，敏感度系数平均为 9.25；对指标影响最小的因素是基准收益率。当运价减少 10.79% 时，项目净现值刚好等于零，说明运价的临界点为 −10.79%，即当运价下降超过 10.79% 时，项目由可行变为不可行。从财务角度分析，该项目的不确定因素变化在 ±10% 以内时具有一定的抗风险能力，但超过 ±10% 时具有一定风险性。

四、多因素敏感性分析

前面所述的单因素敏感性分析,是在假定其他因素都不变,而只有某一个因素变动的条件下,分析变动因素对经济效果指标的影响程度。然而事实上,在许多情况下,各因素之间往往存在着这种或那种内在联系,即存在着某种相关性,一个因素的变动,可能会引起其他因素也随之变动。例如,在航运市场上,如果燃油价格上涨,可能会引起运价的上涨;如果运价下滑,则会引起船价即投资额的下跌。鉴于单因素敏感性分析所存在的局限性,可以采用多因素敏感性分析来解决此类问题。

多因素敏感性分析是同时考察两个或两个以上因素的变动对经济评价效果指标的影响情况,以判别投资方案的风险性。由于多因素敏感性分析要同时考虑可能发生的各种因素不同变动幅度的多种组合,因此在计算上要比单因素敏感性分析复杂得多。下面仅以双因素敏感性分析为例来说明多因素敏感性分析的分析方法。

例 4-3:某船舶投资额为 1 700 万元,年营运收入为 550 万元,年营运成本为 200 万元,残值为 170 万元,如果船舶使用年限为 15 年,基准收益率为 15%,试就投资额、年营运收入进行多因素敏感性分析。

解:设 x 表示船舶投资额变动的百分比,y 表示年营运收入变动的百分比,则净现值为:

$$NPV(15\%) = -1\ 700(1+x) + 550(1+y)(P/A, 15\%, 15) - 200(P/A, 15\%, 15) + 170(P/F, 15\%, 15)$$

由上式可以看出,当 $NPV(15\%) \geq 0$ 时,投资项目是可行的,这时有:

$$NPV(15\%) = -1\ 700 - 1\ 700x + 550 \times 5.847\ 3 + 550 \times 5.847\ 3y - 200 \times 5.847\ 3 + 170 \times 0.122\ 9 = 367.45 - 1\ 700x + 3\ 216.02y \geq 0$$

或

$$y \geq 0.528\ 6x - 0.114\ 3$$

将该不等式绘制在以投资变化百分比为横轴、年营运收入变化百分比为纵轴的平面直角坐标系中进行分析,如图 4-3 所示。

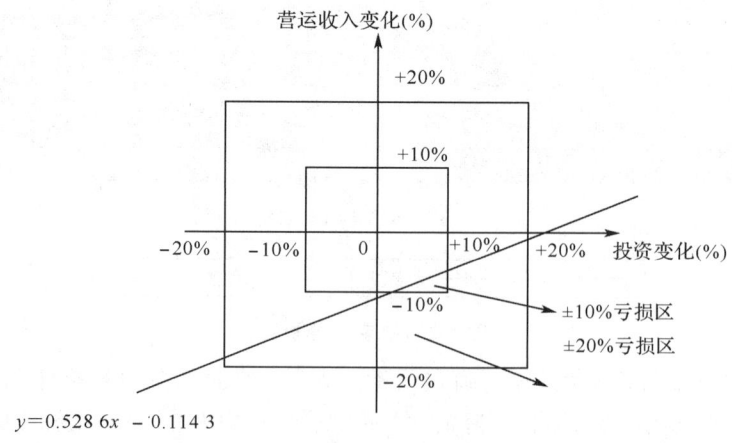

图 4-3　双因素敏感性分析图

由图 4-3 可以看出,斜线 $y = 0.528\ 6x - 0.114\ 3$,把 xy 平面分为两个区域,在直线的上方净现值 $NPV > 0$,项目可行;而在直线的下方净现值 $NPV < 0$,项目不可行。按图中 x 与 y 值的 $\pm 10\%$、$\pm 20\%$ 的变化范围,形成了两个正方形,在各正方形中,盈利区面积占总面积的比

例表明了项目投资额及年收益在此范围内变化,对投资项目方案发生亏损可能性的大小。投资额与年收益在±10％的变化范围内时,发生亏损的可能性极小;而在±20％的变化范围内时,亏损面积几乎占1/4,即参数变化增大,亏损的风险同时增加。总之,敏感性分析在一定程度上就各种不确定因素的变动对投资方案经济效果的影响做了定量分析。这将有助于决策者在项目投资分析中了解投资方案的风险情况,有利于对最优投资方案的选择。

第三节　概率分析

概率分析是通过研究不确定因素按一定概率分布变动,找出经济效果值变动的情况,以判别项目可能发生的损益或风险。事实上,大量的自然现象和社会现象都具有概率性质,同样,对于存在着种种不确定性因素的投资项目来说,不确定性因素的变动及其对项目经济效果的影响也具有概率性。因此,利用概率分析来研究这些不确定性因素的变化,为投资决策提供科学依据是很有必要的。

一、利用期望值与标准差判别方案的风险性

1.期望值相同的情况

如图 4-4(a)所示,甲乙两方案净现值的期望值相同,如果据此分析,显然无大差别。但实际上它们的风险度是有差别的,由图 4-4(a)可知甲的风险度小于乙,因此甲方案优于乙方案。

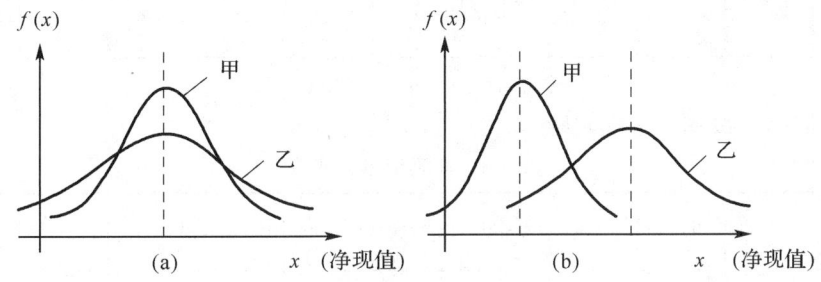

图 4-4　风险分析图

2.期望值不同的情况

如图 4-4(b)所示,甲、乙两方案净现值的期望值和标准差都不相同,乙方案期望值大,标准差也大,在这种情况下进行评价,往往与评价者的胆略和冒险精神有很大关系。此外,还与投资项目的规模大小有一定的关系。对中小型项目,应以期望值为依据;对大型项目,除了分析评价经济效益的期望值外,还应考虑其标准差的大小。

3.判别标准

以经济指标的累计概率、标准差为判别标准。

(1)财务(经济)内部收益率大于等于基准收益率的累计概率值越大,风险越小;标准差越小,风险越小。

(2)财务(经济)净现值大于等于零的累计概率越大,风险越小;标准差越小,风险越小。

二、概率分析的应用

简单的概率分析可以计算项目净现值的期望值及净现值大于或等于零时的累计概率,方案比选时可只计算净现值的期望值,计算中应根据具体问题的特点选择适当的计算方法。

例 4-4:某国际航运项目需投资 20 万元,根据预测,项目的年收入为 5 万元、10 万元和 12.5 万元的概率分别为 0.3、0.5 和 0.2。在每一收入水平下寿命为 2 年、3 年、4 年和 5 年的概率分别为 0.2、0.2、0.5 和 0.1。假定 $i_0 = 10\%$,试求:

(1)这个项目净现值的期望值是多少?

(2)此项目至少盈亏平衡的概率是多少?

解:(1)计算净现值。

以收入为 5 万元,计算期为 2 年为例。

$$NPV = -200\ 000 + 50\ 000(P/A, 10\%, 2)$$
$$= -200\ 000 + 50\ 000 \times 1.736 = -113\ 200(元)$$

其他各种情况的结果如表 4-7 所示。

表 4-7　不同概率的净现值及加权净现值

发生可能	0.06	0.06	0.15	0.03	0.1	0.1	0.25	0.05	0.04	0.04	0.01	0.02
净现值(元)	−113 200	−75 650	−41 500	−10 450	−26 400	48 700	117 000	179 100	170 000	110 875	196 250	273 875
加权净现值	−6 792	−4 539	−6 225	−313.5	−2 640	4 870	29 250	1 462.5	600	4 435	19 625	5 477.7

$$E(NPV) = 45\ 290.5(元)$$

(2)净现值累计概率如表 4-8 所示。

表 4-8　净现值累计概率

净现值(元)	−113 200	−75 650	−41 500	−10 450	−26 400	48 700	117 000	179 100	170 000	110 875	196 250	273 875
累计概率	0.06	0.12	0.27	0.37	0.4	0.5	0.75	0.8	0.84	0.88	0.98	1

由表 4-8 得:

$$P(NPV \geqslant 0) = 1 - P(NPV < 0) = 1 - 0.4 = 0.6$$

故此项目至少盈亏平衡的概率为 0.6。

· 重要概念 ·

盈亏平衡分析;敏感性因素;敏感性分析;敏感性系数;临界点;单因素敏感性分析;概率分析。

 **练习题**

1. 建设项目为什么要进行不确定性分析？

2. 建设项目的不确定性因素有哪些？

3. 线性盈亏平衡分析的假设条件有哪些？

4. 敏感性分析的目的是什么？包括哪几个步骤？

5. 概率分析与盈亏平衡分析、敏感性分析相比较有何特点和优点？

6. 某港口泊位年收入为 3 000 万元，规划年装卸量为 1 200 万吨，年总成本为 1 800 万元，其中固定成本为 1 000 万元，年营业税金为营业收入的 3％，试求其盈亏平衡产量和盈亏平衡生产能力利用率，并判断该方案的风险性。

7. 某小型电动汽车的投资方案，用于确定性经济分析的现金流量见表 4-9，所采用的数据是根据未来最可能出现的情况而预测估算的。由于对未来影响经济环境的某些因素把握不大，投资额、经营成本和销售收入均有可能在 ±20％ 的范围内变动。设定基准折现率为 10％。

表 4-9　小型电动汽车项目现金流量表　　　　　　　　　单位：万元

年份	0	1	2～10	11
投资	15 000			
销售收入			19 800	19 800
经营成本			15 200	15 200
期末资产残值				2 000
净现金流量	−15 000		4 600	6 600

（1）不考虑所得税，试分别就上述三个不确定性因素做单因素敏感性分析。

（2）同时对投资额和经营成本进行双因素敏感性分析。

第五章
财务评价

学习要点

1.掌握财务评价的含义,理解财务评价的目的和主要内容;
2.掌握财务评价的主要参数,了解基准收益率的确定;
3.了解财务评价中费用和效益的识别方法;
4.重点掌握财务评价报表及其编制;
5.重点掌握财务评价指标的经济含义及其分类。

第一节　财务评价概述

一、财务评价的含义

　　财务评价(也称财务分析)是在国家现行的财税制度和价格体系的前提下,从项目的角度出发,计算项目范围内的财务效益和费用,分析项目的盈利能力和清偿能力,评价项目在财务上的可行性。

　　财务评价是项目经济评价的重要组成部分,是在财务效益与费用的估算以及编制财务辅助报表的基础上,编制财务报表,计算财务分析指标,考察和分析项目的盈利能力、偿债能力和财务生存能力,判断项目的财务可行性,明确项目对主体的价值以及对投资者的贡献,为投资决策、融资决策以及银行审贷提供依据。

二、财务评价的主要内容

　　财务评价的内容主要包括以下四个方面。

1.财务盈利能力分析

　　财务盈利能力分析主要是考察投资项目的盈利水平,财务盈利水平是否达到投资者设定的目标值或国家规定的基准值,这是决定项目是否可行的最基本条件。因此,财务盈利能力分析是财务评价的最主要的内容。

2.财务偿债能力分析

财务偿债能力分析主要是考察项目计算期内各年的财务状况及偿债能力。投资项目所需要的资金来源除了资本金外,一般还需要借入一定数量的资金,而这些债务资金是需要偿还的。偿债能力就是考察项目能否按期偿还借款的能力,偿债能力不仅投资者关心,债权人更加关心,只有项目具有较好的偿债能力,债权人才有可能向投资者提供资金。

3.财务生存能力分析

财务生存能力分析也称为资金平衡分析,要结合偿债能力分析进行,如果拟安排的还款期过短,致使还本付息负担过重,导致为维持资金平衡必须筹借的短期借款过多,可以调整借款期,减轻各年还款负担。通常因营运前期的还本付息负担重,故应特别注重营运期前期的财务生存能力分析。

在项目(企业)运营期间,确保从各项经济活动中得到足够的净现金流量是项目能够维持生存的条件。所以财务生存能力分析是至关重要的。

4.财务风险分析

财务风险分析就是分析项目可能承担的风险及抗风险能力,从而了解项目的财务可靠性,这是进行财务评价必须进行的一项工作。

此外,还要编制资金规划和投资计划。对可能的资金来源与数量进行调查和估算,如可筹集到的银行贷款的种类、数量,可能发行的股票、债券,企业可能用于投资的资本金数量,企业未来各年可用于偿还债务的资金数量等;根据项目实施计划,估算出逐年投资量;计算逐年债务偿还额。一个好的计划不仅能满足资金平衡的要求,而且要在各种可行的资金筹集、运用方案中挑选最好的方案。也就是说,资金规划是保证项目可行和提高财务效果的重要手段。

三、财务评价的作用

1.衡量项目财务盈利能力的依据

投资项目的盈利能力如何,将直接关系到企业的生死存亡。财务评价是根据项目在整个计算期内的营运情况,具体计算出各项财务效益评价指标。

2.作为筹措资金的依据

建设项目实施需要多少投资(固定资产和流动资金),这些资金的可能来源,投资资金结构的优化分析,使用资本金、借款和其他资金保持合理的比例等用款计划的安排和适宜的筹资方案的选择都是财务评价要解决的问题。

3.作为对非营利或微利项目给予补贴或优惠政策的依据

对于某些非营利或微利项目,如基础性项目,在经过有关部门批准的情况下,可以给予某种经济上的优惠政策,为了权衡项目在多大程度上要由国家或地方财政给予必要的支持,例如进行政策性的补贴或实行减免税等经济优惠措施,或者其他弥补亏损措施,也同样需要进行财务计算和评价。

4.作为中外合资项目的投资决策依据

中外合资项目的盈利能力直接涉及中外各方合营的财务利益,对外方合营者来说,项目的决策将以项目的财务可行性为依据,对中方合营者来说,财务评价是项目决策的重要依据。

第二节 财务评价的方法与步骤

一、财务评价方法

财务评价作为建设项目可行性研究经济评价的一个环节,实际上是以企业这个经济实体为对象的财务报表分析和以建设项目为对象的财务费用效益分析,通过企业财务报表分析判断企业的财务健全程度,而通过财务费用效益分析是通过项目的基本报表分析判断项目本身的盈利性和清偿能力,考察项目财务上的可行性。

1.财务报表分析

建设项目的财务评价是借助于对一套基本报表的分析来实现的。但是这套基本报表与企业日常经营活动的财务分析报表有所不同,主要表现在如下几个方面。

（1）分析目的不同

项目的财务报表分析是确定项目所需资金来源和合理结构,评价项目投产后的盈利能力,测算项目借款的清偿能力,判断财务上的可行性,为投资决策提供依据。企业日常财务报表分析则主要是分析企业月度、季度和年度经营活动的盈利状况,找出提高企业经济效益的方向,采取措施,为增加企业的盈利服务。

（2）分析所依据的资料数据不同

项目的财务报表分析是根据预测数据或计算数据对项目的财务活动进行事前分析。这里也包括不确定分析。而企业的日常财务报表分析则是根据企业活动的历史统计数据进行事后分析或现状分析。

（3）分析的时间长短不同

项目的财务报表分析是对项目整个计算期或寿命期进行长期分析,交通运输项目一般要分析 20 年以上,甚至 40 年,而企业一般日常财务分析则是根据当年(月、季),最多只对以往几年进行短期分析。

（4）分析应用的具体方法不同

项目的财务报表分析由于是长期分析,一般要考虑资金的时间价值,进行动态分析、概率风险分析。企业的日常财务分析着眼于当前分析、短期分析,一般不考虑资金的时间价值,是一种静态分析。

2.项目的财务费用效益分析

财务的费用效益分析是根据与项目有关的财务报表预测的资金支出和收入来进行的。分析的焦点集中在实施的项目上,以项目本身的盈利性和偿债能力作为分析的目的。

目前,建设项目的财务评价,一般以项目为对象、以项目的基本报表为依据进行财务费用效益分析。但是,由于项目的投资一般是银行贷款,有时还有国外金融机构或政府贷款,这时,除考察项目本身的盈利性和偿债能力外,作为贷款方的银行或国外贷款机构更关心借款企业财务状况,只要借款企业未来具有偿还能力,即使项目本身在贷款期内缺乏偿还能力(交通运输项目往往前期效益差,后期效益好),他们还是可以贷款的。因此,以企业为对象的财务报表分析和以项目为对象的财务费用效益分析,在财务评价阶段有时都是必要的。

二、财务评价的步骤

财务评价是在市场需求研究和工程技术研究的基础上进行的。它主要是利用有关基础数据,通过基本财务报表,计算财务评价指标和各项财务比率,进行财务分析,做出财务评价。一般有以下几个步骤。

1.财务评价前的准备工作

(1)熟悉拟建项目的基本情况,即熟悉拟建项目的目的、意义、建设环境以及主要技术决定等;

(2)确定项目的性质和经营范围;

(3)确定费收体系和标准;

(4)确定费用的计算原则和范围;

(5)确定货种和营运方式。

2.收集各项基础资料,分析企业经营状况

(1)企业现有生产能力调查;

(2)企业财务活动分析。

3.根据设计规定的生产能力,预测财务评价所需要的各项参数和确定计算条件

财务评价预测的经营收入、经营费用、各项费收以及企业留利,应以现行财务制度为基础。根据已经发生的近几年收支报表综合详细测算,既要考虑到各项收支的上涨系数,又要考虑经济发展速度,不要过高测算各项收入,也不要过低测算各项费用,以免造成计算效益指标的失真,影响经济评价质量。

4.明确资金来源、借款条件、偿还方式

在我国现行的市场经济体制下,建设项目具有多种资金来源方式(详见本章第四节),除自有资金、政府法人投资和股票外均涉及借款条件、利率及偿还方式。因此使用借款要慎重,必须要和企业的财务效益密切结合,项目本身一般应具备如期归还借款本息的偿还能力。

5.编制财务报表,计算财务评价指标

在完成前述各项工作的基础上,编制出财务评价的各种辅助报表、基本报表,最后根据基本报表计算各项财务评价指标。

6.分析各项财务评价指标,提出项目评价意见

计算各项财务评价指标,目的是了解项目的盈利状况和借款偿还能力。在达不到企业的目标盈利水平和偿还借款条件时,应提出相应的建议,如改变技术条件,改变筹资方案,或向政府提出给予优惠政策等。

第三节 财务评价参数

一、财务评价参数的分类和使用

财务评价涉及的基础数据很多,按其作用可以分为两类,一类是计算用数据和参数,另一类是判定项目财务合理性的判别用参数,或称基准参数。

1.计算用数据和参数

计算用数据和参数可分为初级数据和派生数据两类。财务评价需要大量的初级数据,它们大多是通过调查研究、分析、预测确定或相关专业人员提供的。而成本费用、营业收入、营业税金与附加等可以看作财务分析所用的计算用数据,它们是通过初级数据计算出来的,可以称为派生数据。

初级数据是最受关注的数据,每一个数据的得出都有一个艰辛的过程,需要反复推敲论证。它们的确定是否合理,将直接影响到成本费用、营业收入等的估算,进而影响财务评价结果的可信度。在进行财务评价之前,必须做好这些基础性工作。

2.判别用参数

财务评价中的判据参数是用于判别项目效益是否满足要求的基准参数,主要用于判断项目财务效益高低,比较和筛选项目,判断项目的财务可行性,具体包括行业财务基准收益率、总投资收益率、资本金净利润率、利息备付率、偿债备付率等。

国家行政主管部门统一测定并发布的行业财务基准收益率具有双重作用。对于政府投资项目以及按政府要求进行经济评价的项目来说,它是规定性的,是必须采用的;对于社会其他各类投资项目来说,它是参考性的。

二、财务基准收益率的确定

1.财务基准收益率的含义

财务基准收益率是指建设项目财务评价中对可货币化的项目费用与效益采用折现方法计算财务净现值的基准折现率,是衡量项目财务内部收益率的基准值,为项目财务可行性和方案比选的主要判据。财务基准收益率反映投资者对相应项目占用资金的时间价值的判断,应是投资者在相应项目上最低可接受的财务收益率。

2.财务基准收益率选取遵循的原则

(1)政府投资项目的财务评价必须采用国家行政主管部门发布的行业财务基准收益率。

(2)企业投资等其他各类建设项目的财务评价中所采用的行业基准收益率,既可使用由投资者自行测定的项目最低可接受财务收益率,也可选用国家或行业主管部门发布的行业财务基准收益率。根据投资人意图和项目的具体情况,项目最低可接受财务内部收益率的取值可高于、等于或低于行业财务基准收益率。

3.财务基准收益率的确定

项目的费用与效益在进行货币化度量过程中,确定项目财务内部收益率基准值的财务基准收益率,在本质上体现了投资者对资金时间价值的判断和对项目风险程度的估计。实际工作中,应根据项目的性质使用有关部门发布的行业财务基准收益率,或参考使用有关主管部门发布的财务基准收益率。

财务基准收益率是以单一数值形式体现的,其测定可采用资本资产定价模型法、加权平均资金成本法、典型项目模拟法、德尔菲(Delphi)专家调查法等方法,也可同时采用多种方法测算,将不同方法测算的结果互相验证,经协调后确定。在财务评价参数的测算过程中,无论采用上述何种方法,都要注意在测算分析的基础上进行必要的调整,最终取值是综合权衡的结果,而不是简单计算的结果。

三、其他财务基准参数及其确定

除财务基准收益率外,财务基准参数还包括总投资收益率、项目资本金净利润率等判断项目盈利能力的参数,以及利息备付率、偿债备付率、资产负债率、流动比率、速动比率等判断项目偿债能力的参数。

这些参数的测定,可采用统计分析法、典型项目模拟法及德尔菲专家调查法等基本方法,也可同时采用多种方法进行测算,将将不同方法测算的结果互相验证,经协调后确定。

总投资收益率、项目资本金净利润率、资产负债率、流动比率、速动比率等参数,应测定其取值的合理区间。由于项目具体情况复杂,不同行业、不同项目的这些参数计算数值存在差别,因此国家统一给出的是在行业正常运营情况下这些参数的平均取值,反映了行业的平均水平,对具体项目的计算判断具有参考价值。这些参数不是项目必须要达到的基准值。

第四节　财务评价的费用与效益

财务评价一般是从经营者(企业)的角度来分析项目在财务上的可行性,即分析项目的盈利能力和偿债能力。因此,必须首先确定计算项目财务费用和收入的范围。一个项目的效益和费用由投资、成本及收入与利润三部分构成。

一、总投资构成

1.建设项目总投资的构成

项目经济评价中的总投资一般是指项目的建设和投入运营时所需要的全部投资,即建设投资、建设期利息和全部流动资金之和。建设项目总投资的构成如图5-1所示。

2.建设投资的构成

建设投资是项目费用的主要部分,是项目财务分析的基础数据,通常根据项目前期研究的不同阶段、对投资估算精度的不同要求及相关规定选择适用的估算方法。在应用中,建设投资一般按概算法分类或形成资产法分类。

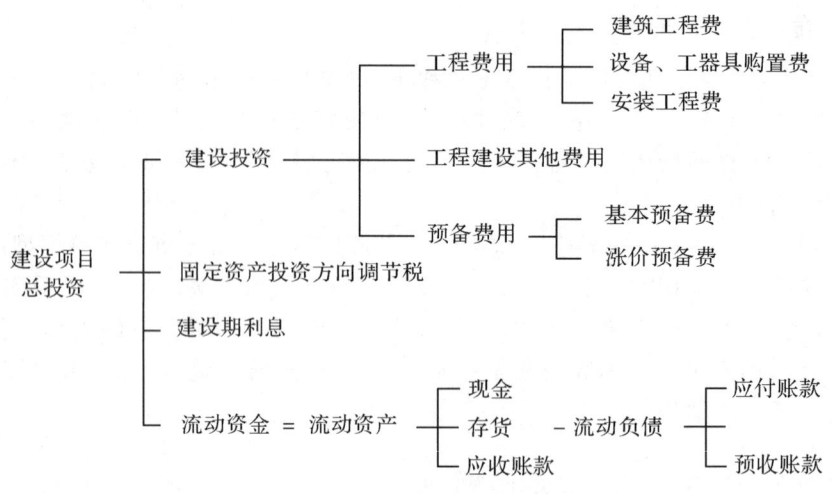

图 5-1　建设项目总投资的构成

（1）按概算法分类，即建设投资由工程费用、工程建设其他费用和预备费三部分构成。

（2）按形成资产法分类，即建设投资由形成固定资产的费用、形成无形资产的费用、形成其他资产的费用和预备费用四部分组成。

对于土地使用权需做特殊处理。按照有关规定，在尚未开发或建造自用项目前，土地使用权作为无形资产核算，房地产开发企业开发商品房时，将其账面价值转入开发成本；企业建造自用项目时将其账面价值转入在建工程成本。因此，为了与以后的折旧和摊销计算相协调，在建设投资估算表中通常可将土地使用权直接列入固定资产其他费用中。

3.建设期利息

建设期利息是指筹措债务资金时在建设期内发生并按规定允许在投产后计入固定资产原值的利息，即资本化利息。建设期利息包括银行借款和其他债务资金的利息，以及其他融资费用，如某些债务融资中发生的手续费、承诺费、管理费、信贷保险费等。

当建设期用自有资金按期支付利息时，可不必进行换算，直接采用名义年利率计算建设期利息即可。

为了简化计算，通常假定借款均在每年的年中支用，借款当年按半年计息，其余各年份按全年计息，计算时分下面两种情况。

采用自有资金付息时，按单利计算，即：

$$各年应计利息＝（年初借款本金累计＋本年借款额/2）×名义年利率 \qquad (5\text{-}1)$$

采用复利方式计息时：

$$各年应计利息＝（年初借款本息累计＋本年借款额/2）×实际年利率 \qquad (5\text{-}2)$$

对于有多种借款资金来源的，每笔借款的年利率各不相同的项目，既可分别计算每笔借款的利息，也可先计算出各笔借款加权平均的年利率，并以此利率计算全部借款的利息。

4.流动资金

流动资金是指项目投产后，为进行正常生产运营，用于购买原材料、燃料，支付工资及其他经营费用等所必不可少的周转资金。它是伴随着固定资产投资而发生的永久性流动资产投资。

（1）流动资金的构成

流动资金是流动资产和流动负债的差额。

流动资产包括现金、存货和应收账款等。流动负债主要由应付账款和预收账款两项构成。

（2）流动资金的估算方法

① 扩大指标估算法：是参照同类企业流动资金占营业收入或经营成本的比例，或者单位产量占用营运资金的数额估算流动资金。

② 分项详细估算法：是利用流动资金与流动负债估算项目占用的流动资金。一般先对流动资金和流动负债主要构成要素进行分项估算，进而估算流动资金。

二、总成本费用

1.总成本费用的构成

（1）总成本费用按其经济用途与核算层次分类

在企业项目运营过程中的总成本费用按其经济用途与核算层次可分为直接费用、制造费用（对运输企业为运营费用）和期间费用。期间费用包括销售费用、管理费用和财务费用。

（2）总成本费用的估算

总成本费用一般按下列方法估算：

①生产成本加期间费用

$$总成本费用＝生产成本＋期间费用 \tag{5-3}$$

式（5-3）中：

$$生产成本＝直接材料费＋直接燃料和动力费＋直接工资＋其他直接支出＋制造费用 \tag{5-4}$$

$$期间费用＝销售费用＋管理费用＋财务费用 \tag{5-5}$$

②生产要素估算法

$$总成本费用＝外购原材料、燃料和动力费＋工资及福利费＋修理费＋折旧费＋摊销费＋$$
$$财务费用（利息支出）＋其他费用 \tag{5-6}$$

式中：其他费用同经营成本中的其他费用。

项目经济评价中通常采用"生产要素法"估算总成本费用。成本费用估算应遵循国家现行的企业财务会计制度规定的成本和费用核算方法，同时应遵循有关税收制度中准予在所得税前列支科目的规定。当两者有矛盾时，一般按从税的原则处理。

2.经营成本估算

在投资项目决策分析和评价中，将经营成本的概念应用于现金流量分析。经营成本是指总成本费用扣除固定资产折旧费、无形资产和其他资产摊销费和财务费用（一般指利息支出）后的成本费用。

$$经营成本＝总成本费用－折旧费－摊销费－财务费用 \tag{5-7}$$

或
$$经营成本＝购原材料、燃料和动力费＋人工工资及福利费＋$$
$$外部提供劳务及服务费＋修理费＋其他费用 \tag{5-8}$$

3.运输企业营运费用估算

运输企业营运费用包括运输业务、装卸业务、堆存业务和其他业务所发生的一切费用，以及辅助生产部门为企业管理部分、基本建设单位、专项工程、职工福利部门等非营运部门提供产品和劳务所发生的费用。

营运费用一般包括下列各项费用:工资和职工福利基金;燃料、动力和材料费用;低值易耗品;折旧和修理费用;作业区(车间)管理费;企业管理费及其他费用。

三、收入与利润

1.营业收入和补贴收入

(1)营业收入

营业收入是指销售产品或者提供服务所获得的收入,是现金流量表中现金流入的主体,也是利润表的主要科目。营业收入是财务分析的重要数据,其估算的准确性极大地影响着项目财务效益的估计。

$$营业收入＝销售量×商品单价 \tag{5-9}$$

(2)补贴收入

某些项目还应按有关规定估算企业可能得到的补贴收入(仅包括与收益相关的政府补助,与资产相关的政府补助不在此处核算,与资产相关的政府补助是指企业取得的、用于购建或以其他方式形成长期资产的政府补助)。补贴收入同营业收入一样,应列入利润与利润分配表、财务计划现金流量表和项目投资现金流量表。

2.相关税费

财务评价中涉及多种税费的计算,不同项目设计的税费种类和税率可能各不相同。税费计取得当是正确计算项目效益的重要因素。要根据项目的具体情况选用适宜的税种和税率,在对内外资企业尚未统一税法之时,还应注意企业的性质,根据相应的税法计税。

3.利润

利润是企业经济目标的集中表现。投资项目投产后所获得的利润可分为销售利润(即利润总额)和税后利润(即净利润):

$$利润总额＝营业收入＋补贴收入－营业税金及附加－总成本费用 \tag{5-10}$$

$$净利润＝利润总额－所得税 \tag{5-11}$$

4.交通运输企业收入估算

交通运输企业的收入有:营运收入、营运外收入、港务管理收入、速遣费收入和其他收入等。营运收入是按规定的费率按货种及其预测的运量或吞吐量计算的。其他业务收入一般是按运输收入、装卸收入和堆存收入的一定百分比计算的。

在收入计算中,要严格划清经营性收入和非经营性收入,例如,港口项目的营运收入和港务收入。在港口项目的财务评价中,港务收入一般是不列入财务收入的,因此也不参与各种财务评价指标的计算。

第五节 财务评价报表的编制

一、基本报表

建设项目评价报表的编制,除根据《建设项目经济评价方法与参数》(第三版)规定的各种报表格式,还应根据各行业的特点,对报表的项目和内容加以适当的增减,按照编制方法和各阶段设计深度的要求进行编制,包括财务分析基本报表和财务分析辅助报表。

财务分析基本报表是项目财务评价所必需的一套完整的报表,反映建设项目全面的财务状况,根据基本报表可以计算出各项动态和静态财务评价指标,从而得出一整套完整全面的建设项目财务评价的结论。

建设项目评价的基本报表如下。

1.项目投资现金流量表

如表 5-1 所示,项目投资现金流量表是站在项目全部投资的角度,或者说不分投资资金来源,是在设定项目全部投资均为资本金条件下的项目现金流量系统的表格式反映,用于计算项目投资内部收益率及净现值等财务分析指标。

表 5-1 项目投资现金流量表

序号	项目	合计	计算期					
			1	2	3	4	……	n
1	现金流入							
1.1	营业收入							
1.2	补贴收入							
1.3	回收固定资产余值							
1.4	回收流动资金							
2	现金流出							
2.1	建设投资							
2.2	流动资金							
2.3	经营成本							
2.4	营业税金及附加							
2.5	维持运营投资							
3	所得税前净现金流量							
4	累计所得税前净现金流量							
5	调整所得税							
6	所得税后净现金流量							
7	累计所得税后净现金流量							

计算指标: 税前   税后
    财务内部收益率 $FIRR$;
    财务净现值 $FNPV$;
    投资回收期 Pt。

2.项目资本金现金流量表

项目资本金现金流量表是站在项目投资主体的角度考察项目的现金流入流出情况的,用于计算项目资本金财务内部收益率。从项目投资主体的角度看,建设投资借款是现金流入,但又同时将借款用于项目投资则构成同一时点、相同数额的现金流出,二者相抵,对净现金流量的计算无影响,因此表中投资只计项目资本金。

3.投资各方现金流量表

投资各方现金流量表适用于内资企业、外商投资企业、合资企业和合作企业,用于计算投资各方财务内部收益率。

4.利润与利润分配表

如表 5-2 所示,利润与利润分配表反映了项目计算期内各年的营业收入、总成本费用、利润总额以及净利润的分配情况,用于计算总投资收益率、项目资本金净利润率等指标。

表 5-2　利润与利润分配表

序号	项目	合计	计算期					
			1	2	3	4	……	n
1	营业收入							
2	营业税金及附加							
3	总成本费用							
4	补贴收入							
5	利润总额(1−2−3+4)							
6	弥补以前年度亏损							
7	应纳税所得额(5−6)							
8	所得税							
9	净利润(5−8)							
10	期初未分配利润							
11	可供分配利润(9+10)							
12	提取法定盈余公积金							
13	可供投资者分配的利润(11−12)							
14	应付优先股股利							
15	提取任意盈余公积金							
16	应付普通股股利(13−14−15)							
17	各投资方利润分配							
	其中:××方							
	××方							
18	未分配利润(13−14−15−17)							
19	息税前利润=利润总额+利息支出							
20	息税折旧摊销前利润(19+折旧+摊销)							

计算指标:

总投资收益率(ROI);

项目资本金净利润率。

5.财务计划现金流量表

如表5-3所示,财务计划现金流量表能全面反映项目资金活动全貌。反映项目计算期各年的投资、融资及经营活动的现金流入和流出,用于计算累计盈余资金,分析项目的财务生存能力。项目的资金筹措方案和借款及偿还计划应能使表中各年度的累计盈余资金额始终大于或等于零,否则,项目将因资金短缺而不能按计划顺利运行。财务计划现金流量表反映项目计算期内各年的资金盈余或短缺情况,用于选择资金筹措方案,制订适宜的借款及偿还计划,并为编制资产负债表提供依据。

表 5-3 财务计划现金流量表

序号	项目	合计	计 算 期					
			1	2	3	4	……	n
1	经营活动净现金流量							
1.1	现金流入							
1.1.1	营业收入							
1.1.2	补贴收入							
1.1.3	其他流入							
1.2	现金流出							
1.2.1	经营成本							
1.2.2	营业税金及附加							
1.2.3	所得税							
1.2.4	其他流出							
2	投资活动净现金流量							
2.1	现金流入							
2.2	现金流出							
2.2.1	建设投资							
2.2.2	维持运营投资							
2.2.3	流动资金							
2.2.4	其他流出							
3	筹资活动净现金流量							
3.1	现金流入							
3.1.1	项目资本金投入							
3.1.2	建设投资借款							
3.1.3	流动资金借款							
3.1.4	债券							
3.1.5	短期借款							
3.1.6	其他流入							
3.2	现金流出							
3.2.1	各种利息支出							
3.2.2	偿还债务本金							
3.2.3	应付利润(股利分配)							
3.2.4	其他流出							
4	净现金流量总和(1+2+3)							
5	累计盈余资金							

6.资产负债表

如表 5-4 所示,资产负债表综合反映项目计算期内各年末资产、负债和所有者权益的增减变化及对应关系,用以考察项目资产、负债及所有者权益的结构是否合理,计算资产负债率,进行清偿能力分析。资产负债表的编制方法是"资产＝负债＋所有者权益"。

表 5-4 资产负债表

序号	项目	合计	计算期					
			1	2	3	4	……	n
1	资产							
1.1	流动资产总额							
1.1.1	货币资金							
1.1.2	应收账款							
1.1.3	预付账款							
1.1.4	存货							
1.1.5	其他							
1.2	在建工程							
1.3	固定资产净值							
1.4	无形及其他资产净值							
2	负债及所有者权益							
2.1	流动负债总额							
2.1.1	短期借款							
2.1.2	应付账款							
2.1.3	预收账款							
2.1.4	其他							
2.2	建设投资借款							
2.3	流动资金借款							
2.4	负债小计							
2.5	所有者权益							
2.5.1	资本金							
2.5.2	资本公积							
2.5.3	累计盈余公积金							
2.5.4	累计未分配利润							
计算指标	资产负债率							
	流动比率							
	速动比率							

7.借款还本付息计划表

如表 5-5 所示,借款还本付息计划表反映了项目计算期内各年借款本金偿还和利息支付的情况,用于计算偿债备付率和利息备付率指标。按现行财务制度规定,归还建设投资借款本金的资金来源主要是项目投产后的折旧费、摊销费和未分配利润等。因流动资金借款本金在项目计算期末用回收流动资金一次偿还,在此不必考虑流动资金借款本金偿还问题。建设期利息估算表可以与借款还本付息计划表合二为一。

表 5-5　借款还本付息计划表

序号	项目	合计	计算期					
			1	2	3	4	……	n
1	借款							
1.1	期初借款余额							
1.2	当期还本付息							
	其中:还本							
	付息							
1.3	期末借款余额							
2	债券							
2.1	期初债务余额							
2.2	当期还本付息							
	其中:还本							
	付息							
2.3	期末债务余额							
3	借款和债券合计							
3.1	期初余额							
3.2	当期还本付息							
	其中:还本							
	付息							
3.3	期末余额							
计算指标	利息备付率							
	偿债备付率							

二、辅助报表

　　财务评价辅助报表是为填写基本报表提供数据的,是编制报表的基础,它的数据估算精确度对评价结论至关重要。

　　辅助报表是根据项目评价需要通过调查研究和根据有关规定确定的一些基础数据,对项目的资产、收入、成本、费用等基本要素进行计算结果的汇总。辅助报表是为填写基本报表提供数据的,是编制财务评价基本报表的基础,所以它的数据估算的精确度对投资项目的评价结论至关重要。辅助报表可根据项目的特点和评价要求设置,可根据项目特点和项目评价阶段予以简化处理。在项目的财务评价中,常用的辅助报表主要包括以下几种。

　　1.固定资产投资估算表(概算法);

　　2.固定资产投资估算表(形成资产法);

　　3.建设期利息估算表;

4.流动资金估算表；

5.项目总投资使用计划与资金筹措表；

6.固定资产折旧费估算表；

7.无形资产和其他资产摊销费估算表；

8.总成本费用估算表；

9.营业收入、营业税金及附加和增值税估算表。

三、财务报表之间的关系

财务效益分析的基本原理是从基本报表中取得数据，计算财务效益分析指标，然后与基本参数做比较，根据一定的评价标准，确定项目是否可行。基本报表是财务效益分析体系中首要的组成部分，各表之间有着密切的联系。

现金流量表和利润与利润分配表都是为进行项目盈利能力分析提供基础数据的报表，所不同的是现金流量表是为计算反映项目盈利能力的动态指标提供数据，而利润与利润分配表是为计算反应项目盈利能力的静态指标提供数据。同时，利润与利润分配表也为现金流量表的填列提供了必要的基础数据。

资产负债表和借款还本付息计划表都是为进行项目清偿能力分析提供基础数据的报表。根据"资产负债表"可以计算资产负债率、流动比率和速动比率等指标。根据借款还本付息计划表可以计算偿债备付率和利息备付率指标。

财务计划现金流量表是为进行项目生存能力分析提供基础数据的报表。

财务评价报表之间的关系见图 5-2 所示。

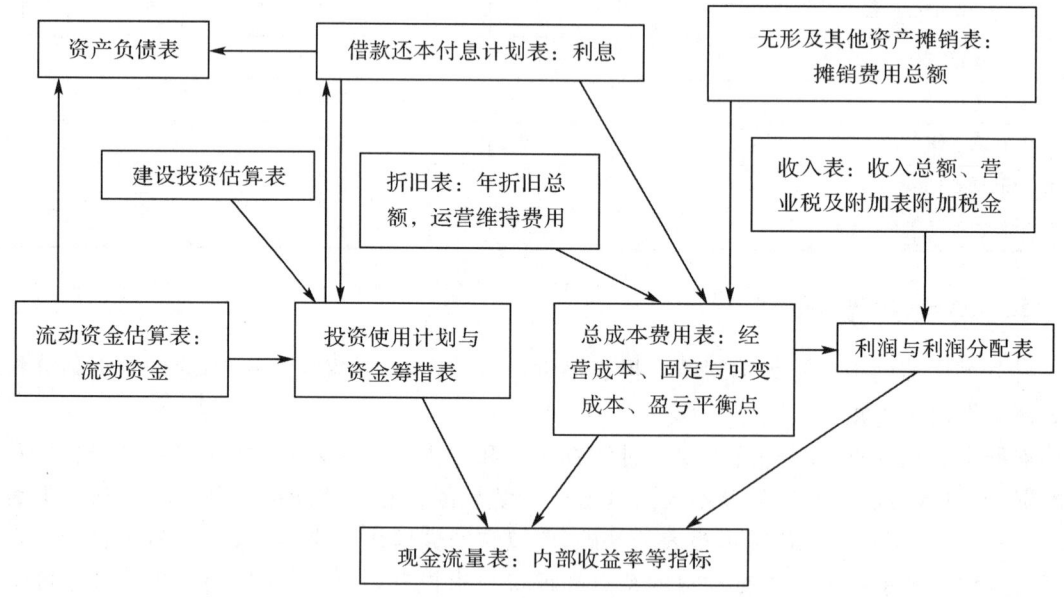

图 5-2　财务评价报表之间的关系

第六节　财务评价指标体系

构建财务评价指标体系是进行财务评价的关键,评价指标体系的分类方法有很多种。如果按照是否考虑资金时间价值进行分类,可以分为动态评价指标和静态评价指标。

根据国家发改委与建设部 2006 年共同颁布的《建设项目经济评价方法与参数》(第三版)中的规定,目前我国投资项目财务评价主要指标分为盈利能力指标和偿债能力指标。

一、财务盈利能力分析

目前,我国建设项目财务评价主要盈利能力指标如下。

1.财务内部收益率

财务内部收益率($FIRR$)是指能使项目在整个计算期内各年净现金流量现值累计等于零时的折现率。它是考察项目财务盈利能力的动态指标,也是项目经济评价重要的决策依据,其计算公式为:

$$\sum_{t=0}^{n}(C_1 - C_O)_t (1 + FIRR)^{-t} = 0 \tag{5-12}$$

式中:C_1——现金流入量;

　　C_O——现金流出量;

　　$(C_1 - C_O)_t$——第 t 期的净现金流量;

　　n——项目计算期;

　　$FIRR$——财务内部收益率,即净现值为零时的折现率。

国家发改委和建设部编写的《建设项目经济评价方法与参数》(第三版)规定了三个层次的内部收益率指标,即项目财务内部收益率、项目资本金内部收益率以及投资各方内部收益率。这些指标从不同角度考察项目的盈利能力,用以判别项目盈利能力可接受性的最低可接受收益率也可能有所不同。

2.财务净现值

项目财务净现值($FNPV$)是指按设定的折现率(一般采用基准收益率 i_c)计算的项目计算期内各年净现金流量的现值之和,计算公式为:

$$FNPV = \sum_{t=0}^{n}(C_1 - C_O)_t (1 + i_c)^{-t} \tag{5-13}$$

式中:i_c——设定的折现率(同基准收益率);

　　$FNPV$——财务净现值。

一般情况下,对财务盈利能力分析必须要计算项目投资财务净现值,可根据需要选择计算所得税前净现值或所得税后净现值。当按照设定的折现率计算的财务净现值大于或等于零时,项目方案在财务上可以考虑接受。

3.项目投资回收期

投资回收期 P_t 是指以项目的净收益回收项目投资所需要的时间,一般以年为单位。它是反映项目财务上投资回收能力的重要指标。投资回收期一般从项目建设开始年算起,若从项目投产开始年计算,应予以特别注明,其计算公式为:

$$\sum_{t=0}^{P_t}(C_I - C_O)_t = 0 \tag{5-14}$$

式中:P_t——计算确定的投资回收期(年);

　　C_I——现金流入量;

　　C_O——现金流出量;

　　$(C_I - C_O)_t$——第 t 期的净现金流量。

另外,投资回收期也可以借助财务现金流量表累计净现金流量计算,即累计净现金流量由负值变为零的时点。它实际上是一个静态指标,其计算公式为:

$$P_t = T - 1 + \frac{\left| \sum_{i=0}^{T-1}(C_I - C_O)_i \right|}{(C_I - C_O)_T} \tag{5-15}$$

式中:T——各年累计净现金流量首次为正值或零的年数;

　　$(C_I - C_O)_T$——第 T 期的净现金流量。

投资回收期能反映投资得到补偿的速度。投资回收期越短,表明项目投资回收越快,抗风险能力就越强。把式(5-15)算得的 P_t 与本行业的基准投资回收期 P_0 比较,如果 $P_t \leqslant P_0$,则认为方案可行。

4.总投资收益率

总投资收益率(ROI)是表示总投资盈利水平的静态指标,是指项目达到设计能力后正常年份的年息税前利润,或运营期内年平均息税前利润($EBIT$)与项目总投资(TI)的比率,计算公式为:

$$ROI = (EBIT / TI) \times 100\% \tag{5-16}$$

式中:$EBIT$——项目正常年份的年息税前利润或运营期内年平均息税前利润;

　　TI——项目总投资。

总投资收益率高于同行业的收益率参考值,表明用总投资收益率表示的盈利能力满足要求。

5.项目资本金净利润率

项目资本金净利润率(ROE)是表示项目资本金的盈利水平的静态指标,是指项目达到设计能力后正常年份的年净利润,或运营期内年平均净利润(NP)与项目资本金(EC)的比率,计算公式为:

$$ROE = (NP / EC) \times 100\% \tag{5-17}$$

式中:NP——项目正常年份的年净利润或运营期内年平均净利润;

　　EC——项目资本金。

项目资本金净利润率高于同行业的净利润率参考值,表明用项目资本金净利润率表示的盈利能力满足要求。

二、财务偿债能力分析

对筹措了债务性资金(以下简称借款)的项目,为了考察企业能否按期偿还借款,应进行偿债能力分析。通过计算利息备付率、偿债备付率、资产负债率、流动比率和速动比率等指标,判断项目的偿债能力。

上述指标的计算公式如下。

1.利息备付率

利息备付率(ICR)是指在借款偿还期内的息税前利润与应付利息的比值,它从付息资金来源的充裕性角度反映项目偿付债务利息的保障程度,计算公式如下:

$$ICR = \frac{EBIT}{PI} \tag{5-18}$$

式中:$EBIT$——息税前利润;

PI——计入总成本费用的应付利息。

利息备付率应分年计算。利息备付率高,表明利息偿付的保障程度高。

2.偿债备付率

偿债备付率($DSCR$)是指在借款偿还期内,用于计算还本付息的资金($EBITAD - T_{AX}$)与应还本付息金额(PD)的比值,它表示可用于还本付息的资金偿还借款本息的保障程度,计算公式如下:

$$DSCR = \frac{EBITAD - T_{AX}}{PD} \tag{5-19}$$

式中:$EBITAD$——息税前利润加折旧和摊销。

T_{AX}——企业所得税。

PD——应还本付息金额,包括还本金额和计入总成本费用的全部利息。融资租赁费用可视同借款偿还。运营期内的短期借款本息也应纳入计算。

如果项目在运行期内有维持运营投资,则在可用于还本付息的资金中应扣除维持运营的投资。

偿债备付率应分年计算。偿债备付率高,表明可用于还本付息的资金保障程度高。

3.资产负债率

资产负债率($LOAR$)是指各期末负债总额(TL)同资产总额(TA)的比率,计算公式如下:

$$LOAR = \frac{TL}{TA} \times 100\% \tag{5-20}$$

式中:TL——期末负债总额;

TA——期末资产总额。

适度的资产负债率,表明企业经营安全、稳健,具有较强的筹资能力,也表明企业和债权人的风险较小。对该指标的分析,应结合国家宏观经济状况、行业发展趋势、企业所处竞争环境等具体条件判定。项目财务分析中,在长期债务还清后,可不再计算资产负债率。

4.流动比率

流动比率是流动资产与流动负债之比,反映法人偿还流动负债的能力,计算公式如下:

$$流动比率 = \frac{流动资产}{流动负债} \times 100\% \tag{5-21}$$

5.速动比率

速动比率是速动资产与流动负债之比,反映法人在短时间内偿还流动负债的能力,计算公式如下:

$$速动比率 = \frac{速动资产}{流动负债} \times 100\% \qquad (5-22)$$

式中:

$$速动资产 = 流动资产 - 存货 \qquad (5-23)$$

6.偿还能力分析注意事项

(1)如果能够得知或根据经验设定所要求的借款偿还期,可以直接计算利息备付率和偿债备付率指标;如果难以设定借款偿还期,也可以先大致估算出借款偿还期,再采用适宜的方法计算出每年需要偿还的本金和付息的金额,代入相应的公式计算利息备付率和偿债备付率指标。需要估算借款偿还期时,可按下式估算:

$$借款偿还期 = 借款偿还后开始出现盈余年份 - 开始借款年份$$
$$+ 当年借款额 / 当年可用于还款的资金额 \qquad (5-24)$$

需注意的是,该借款偿还期只是为估算利息备付率和偿债备付率指标所用,不应与利息备付率和偿债备付率指标并列。

(2)按照有关法规,融资租赁固定资产可视为购置的固定资产一样计提折旧,同时按税法规定,融资租赁费用不应在所得税前扣除,因此项目经济评价中融资方式租赁费用的支付,可视为偿还本金处理,按要求的期限和数额逐年偿还。

(3)国际上偿债备付率的计算公式各有不同,从不同的角度考虑,分子和分母都会有所变化。

(4)另外需要注意的是,一般情况下,项目财务评价中进行偿债能力分析时,应注重对法人而不是项目的偿债能力进行全面分析。

三、财务生存能力分析

财务生存能力分析,应在财务分析辅助报表和利润与利润分配表的基础上编制财务计划现金流量表,通过考察项目计算期内的投资、融资和经营活动所产生的各项现金流入和流出,计算净现金流量和累计盈余资金,分析项目是否有足够的净现金流量维持正常营运,以实现财务可持续性。

· 重要概念 ·

财务评价;基准收益率;项目资本金;债务资金;资金构成比;债务比;财务内部收益率;财务净现值;项目投资回收期;总投资收益率;项目资本金净利润率;利息备付率;偿债备付率;资产负债率;流动比率;速动比率。

 练习题

1.财务评价的主要步骤是什么？

2.财务评价的目的和内容是什么？

3.基准收益率确定方法有哪些？

4.融资主体有哪些？其融资方式和渠道有哪些？

5.资金来源渠道有哪些？具体如何筹措？

6.什么叫资金构成比？它的作用如何？

7.财务评价的基本报表有哪些？

8.请分别列出反映财务盈利能力和偿债能力的指标。

9.项目第4年资产总计51 736万元,其中流动资产总额5 997万元,流动负债总额为3 872万元,长期借款为31 484万元,另外流动资产中存货为4 769万元,试计算资产负债率、流动比率和速动比率。

10.某项目建设期为4年,总借款额为340 786万元,4年等额投入使用,贷款年利率为6.12%,计算建设期利息是多少？

11.某项目在寿命期12年内的现金流量如表5-12所示。设基准收益率为8%,计算财务净现值、财务内部收益率和静态投资回收期(从建设年开始计算)。

表5-12 项目现金流量表

项目	计算期											
	1	2	3	4	5	6	7	8	9	10	11	12
生产负荷/%			60	80	100	100	100	100	100	100	100	100
现金流入 (万元)	0	0	7 325	10 112	12 208	12 208	12 208	12 208	12 208	12 208	12 208	12 208
现金流出 (万元)	10 235	19 265	3 569	4 789	5 639	5 639	5 639	5 639	5 639	5 639	5 639	5 639

第六章
国民经济评价

第一节　国民经济评价概述

一、国民经济评价的目的

国民经济评价是建设项目经济评价的重要组成部分。它是在合理配置国家资源的前提下,从国家整体利益的角度出发,计算项目对国民经济的贡献,分析项目的经济效益、效果和对社会的影响,评价项目在宏观经济上的合理性。

国民经济评价的目的是对项目的经济价值进行分析,以确定项目消耗社会资源的真实价值。国民经济评价是宏观上合理配置国家有限资源、真实反映项目对国家经济净贡献的需要。这是市场经济体制下政府对公共项目进行分析评价的重要方法,是市场经济国家政府部门干预投资活动的重要手段。在新的投资体制下,国家对项目审批和核准重点放在项目的外部效果、公共性方面,经济效益分析强调从资源配置经济效率的角度分析项目的外部效果,通过效益分析及费用效果分析的方法判断建设项目的经济合理性,是政府审批或核准项目的重要依据。

二、国民经济评价的必要性与作用

1.国民经济评价的必要性

在许多情况下,根据现行的财务和税收制度所做出的财务评价往往不能说明项目对整个国民经济的真实贡献。这主要体现在以下两个方面。

(1)有些项目财务评价的效益很好,盈利性很高,但实际上对国民经济的贡献并不大。比如,我国某些地区内的一些小造纸厂,若从财务评价的角度考察,企业的盈利性很好,利润很高,税收也很高,似乎对国家的贡献很大。可如果站在国家的角度,从全社会的利益考虑,这些项目的经济效益则未必很好,一是由于这些地方企业的上马势必要与原来的造纸企业争夺原材料与销售市场,造成整个市场的混乱;二是这些企业对"三废"均不做任何处理,所排出的污水直接对国家和社会造成巨大的损害。

(2)有些项目也许财务评价的盈利性并不高,但可能是由于价格、税收等方面的政策原因,项目实际上对国民经济的贡献还是很大的。

一般来说,项目的财务评价不能体现项目对整个国民经济的真实贡献的原因有二:其一是由于企业与国家所处的角度不同,评价的结果自然有所不同。企业的利益并不总是与国家的利益完全一致,因此一个项目对于企业和对于国家的费用和效益的范围不完全一致,比如税金对于企业是费用支出,但是对于国家则不是费用支出;企业无偿占有、开采、利用某种自然资源,并没有费用支出,但对于国家来说,这种资源被占用则往往应该考虑是有代价的。其二是由于种种原因,项目的投入物和产出物财务价格的失真,不能正确反映其对国民经济的真实价值。

2.国民经济评价的作用

项目国民经济评价的作用主要体现在以下几个方面。

(1) 项目的国民经济评价在项目决策中起着重要的作用,在原国家计委与建设部共同颁布的《建设项目经济评价方法与参数》中规定,一个项目在评价中,要求财务评价和国民经济评价都得通过。财务评价与国民经济评价均可行的项目,可以通过。国民经济评价结论不可行的项目,一般予以否定。

(2) 对一些国计民生急需的项目,其国民经济评价起着决定性的作用。如国民经济评价可行,而财务评价不可行,应重新考虑方案,必要时可提出相应的财税政策调整建议,使项目在财务上也可行。

(3) 当前,应特别强调从国民经济角度评价和考察项目,以支持和发展对国民经济贡献大的产业项目,注意制止和限制对国民经济贡献不大的项目。

(4) 正确运用国民经济评价的方法,在项目决策中可以有效地察觉盲目建设、重复建设项目,可以有效地将企业利益、地区利益与全社会和国家整体利益有机地结合起来。

(5) 一个项目的建设和投产,除了创办者(企业)要付出代价外,国家和社会也要付出代价;项目建成投产后,除了创办者(企业)能够得到盈利外,国家和社会也能得到一定的利益。

总之,国民经济评价的任务,就是对具体的工程项目所需社会付出的代价和社会得到的效益进行定性定量的分析、比较,以求付出最少的社会代价,换取最大的社会效益。

三、国民经济评价与财务评价的联系与区别

国民经济评价与财务评价是互相联系的。它们之间既有共同之处,也有区别。其共同点,一是评价的目的相同,两者都要求以最小的投入获得最大的产出;二是评价基础相同,两者都是在完成产品需求预测、工程技术方案、资金筹措等可行性研究的基础上进行评价的;三是计算期相同,两者都要计算包括建设期、生产期全过程的费用和效益。它们的区别可用表 6-1 简要表示。

表 6-1　国民经济评价与财务评价的区别

	国民经济评价	财务评价
出发点	国家	经营项目的企业
角度	提高全社会投资经济效益	评价最优方案财务生存能力
折现率	社会折现率	基准收益率(因行业而异)
价格	影子价格	市场价格(现行价格)
间接费用和效益	计入	不计
税收	不考虑	考虑
贷款和归还	不考虑	考虑
通货膨胀	不考虑	考虑

第二节　费用与效益

进行国民经济评价首先要对项目的费用和效益进行识别和划分,也就是要认清所评价的项目在哪些方面对国民经济产生费用,在哪些方面产生效益。

一、影子价格的概念

影子价格的概念是 20 世纪 30 年代末、40 年代初由荷兰数理经济学、计量经济学创始人之一詹思·丁伯根和苏联数学家、经济学家、诺贝尔经济学奖获得者康托罗维奇分别提出的。

影子价格在社会经济处于某种最优状态时,能够反映社会劳动的消耗、资源稀缺程度和最终产品需求情况的价格。从经济学的角度来分析,影子价格就是由消费者支付意愿或机会成本所决定的商品价格。确定了经济价格以后,就可以测算出拟建项目要求经济整体支付的代价和为经济整体提供的效益,从而得出拟建项目的投资真正能给社会带来多少国民收入增加额或纯收入增加额。

加入 WTO 之后,我国经济被国际社会接纳为市场经济。但我国仍处于向市场机制转轨的过程当中,有些物品的价格存在失真的情况,如国内市场价格与国际市场价格脱轨;外汇与人民币没有完全实现自由兑换,使得外汇的真正价值一般高于实际的汇率,等等。为了真实反映项目的效益和费用,有必要在项目经济分析中对某些投入物和产出物的市场价格进行调整,采用一种更为合理的计算价格,即影子价格。

二、国民经济评价效益和费用

1.国民经济评价效益

凡是项目为国民经济所做的贡献均计为项目效益,项目效益可分为直接效益和间接效益。

(1)直接效益

直接效益是指由项目的产出物产生并在项目范围内用影子价格计算的经济效益。直接效益一般表现为增加该产出物数量满足国内需求的效益;替代其他相同或类似企业的产出物,使被替代企业减少国家有用资源耗费(或损失)的效益;增加出口(或减少进口)所增收(或节支)的国家外汇等。一般的项目,其直接效益大多在财务评价中已经得到了反映,尽管有时这些反映可能存在一定程度的失真。

(2)间接效益

间接效益是指由项目引起而未能在直接效益中得到反映的效益。例如项目使用劳动力,使劳动力熟练化,由没有特别技术的非熟练劳动力经训练而转变为熟练劳动力。再比如港口建设项目的实施可能导致出口产品价格下降,增加出口、多赚取外汇等均属于港口建设项目的间接效益。间接效益一般在财务评价中不会得到反映。

2.国民经济评价费用

国民经济为建设项目所付出的代价,即指这个建设项目在兴建和建成后运营中所投入的全部物资消耗和人力消耗,并用影子价格进行测算,可分为直接费用和间接费用。

(1)直接费用

直接费用是指由项目的投入物产生并在项目范围内用影子价格计算的经济费用,它包括了一次性投入和经常性投入两大部分。一次性投入是指基本建设费用,经常性投入则是指日常营运费用。直接费用一般表现为其他部门为供应本项目投入而扩大生产规模所耗用的资源费用;减少对其他项目(或最终消费)投入物的供应而放弃的效益;增加进口(或减少出口)所耗用(或减收)的外汇等。

(2)间接费用

间接费用是指由项目引起而在项目的直接费用中又没有得到反映的费用,即除去直接费用以外的费用,或者说是指社会为项目付出了代价而项目本身并不需要支付的那部分费用,它是相对于直接费用而言的。一般讲,间接费用是间接效益的费用,即间接效益对应的费用称为间接费用。间接费用主要也包括了一次性消耗即投资和经常性消耗即经营费用两大部分。

三、间接效益和间接费用识别中的外部效果

项目的间接费用和间接效益的识别和计算比起直接费用和直接效益来要困难得多。在国民经济评价中,一般将与项目相关的间接费用和间接效益统称为外部效果。外部效果通常是较难计算的。通常项目的外部效果要考察以下几个方面。

1.产业关联效果

它是由于拟建项目的投入使其上下游企业,如"以运定产"的工矿企业,运输能力的增加使其原来闲置的生产能力得以发挥或达到经济规模所产生的效果。为防止外部效果扩大化,计

算时需注意随着时间的推移,如果没有该拟建项目,上下游企业生产能力的利用也可能会变化,要按照有无对比的原则计算增量效果;并注意其他拟建项目是否也有类似的效果。如果有,就不应把上下游企业闲置生产能力的利用都归因于该拟建项目,以免引起外部效果的重复计算。

2.技术扩散效果

一个技术先进项目的实施,由于技术培训,技术人员的流动,技术的扩散和推广,整个社会都将受益。但这种外部效果一般很难定量计算,只能做相应的定性估计或说明。

3.环境及生态影响

有些项目会对自然环境和生态产生污染和破坏,如排放污水造成水污染、排放有害气体和粉尘造成大气污染、噪声污染、放射性污染、临时性的或永久性的交通阻塞或航道阻塞、自然环境的改变对生态造成破坏,等等。项目造成的环境污染和生态破坏,是项目的一种间接费用。这种间接外部费用一般较难定量计算。

总之,计算项目的外部效果时,必须注意不能重复计算。项目的外部效果一般只计算一次相关效果,不应连续扩展。特别要注意那些在直接费用和直接效益中已经计入的不应再在外部效果中计算。同时,还要注意所讨论的外部效果是否确实应当归因于所评价的项目。

四、转移支付

转移支付制度是分级预算体制的重要组成部分。转移支付制度就是均衡各级预算主体间收支规模不对称的预算调节制度。政府转移支付有两个层次,一是国际的转移支付,包括对外捐赠、对外提供商品和劳务、向跨国组织交纳会费;二是国内的转移支付,既有政府对家庭的转移支付如养老金、住房补贴等,又有政府对国有企业提供的补贴,还有政府间的财政资金的转移。一般所称的财政转移支付,是指政府间的财政资金转移,是中央政府支出的一个重要部分,是地方政府重要的预算收入。在西方国家,财政支出的重要分类就是分购买支出和转移支出。

在国民经济评价时,工程项目的税金、国内借款利息及补贴等资金实际上是通过一定的形式由国家的一个部门转移到另一个部门,对国民经济而言,它既没有损失,也没有增值,因此称之为转移支付。转移支付不能列入国民经济评价的费用和效益。国外贷款利息,不属转移支付,则应计入项目的费用。

五、交通运输项目效益的定量计算

1.交通运输项目的效益

交通运输项目的效益,包括运输业内部效益和外部效益,具体包括以下几个方面。

(1)改善运输工艺,提高线路、枢纽和运输工具标准等级,加快周转、减少车船运输和港站作业时间,降低运输费用所取得的效益。

(2)缩短运输工具的运行时间和港站作业时间,以及节省旅客和货物的在途时间所带来的效益。旅客在途时间的节约额按节约的小时数及影子工资计算。货物在途时间的节约额按节约的小时数及影子工资计算。货物在途时间的节约额按货物价值、节省的时间和社会折现率计算。加快货物周转,减少库存量所节约的仓储费用亦应计算。

（3）提高运输质量,减少货物运输损失和事故所产生的效益,按货物平均价值,货物损耗率,重大事故发生率及每次重大事故平均损失费进行计算。

（4）缩短运输距离产生的效益,按减少的吨千米或人千米（换算吨千米）乘以单位运输费用计算。

（5）改善运输条件,降低运输费用而诱发的新增运量（不包括转移运时）产生的经济效益,按单位运输费用的降低额的一半计算。

（6）当运输项目已成为地区经济发展的制约条件时,因运输项目的产生促进地区经济发展或外贸增长而产生的净增效益,可视为运输项目的贡献。

2.效益定量计算公式

上述这些效益大多数能做到定量化,有的经过定性分析,也能转为定量化,可分别按下面计算。

（1）运输费用节约效益

①按正常运输量计算：

$$B_{11} = (C_W L_W - C_Y L_Y) Q_n \tag{6-1}$$

式中：B_{11}——按正常运输量计算的运费节约效益,万元/年；

C_W,C_Y——分别为无项目和有项目时的单位运输费用,元/吨千米（元/人千米）；

L_W,L_Y——分别为无项目和有项目时的运输距离,千米；

Q_n——正常运输量,万吨/年（万人次/年）。

②按转移运输量计算：

$$B_{12} = (C_Z L_Z - C_Y L_Y) Q_Z \tag{6-2}$$

式中：B_{12}——转移运输量的运费节约效益,万元/年；

C_Z——原相关线路的单位运输费用,元/吨/千米（元/人千米）；

L_Z——原相关线路的运输距离,千米；

Q_Z——转移过来的运输量,万吨/年（万人次/年）。

③按诱发运输量计算：

$$B_{13} = \frac{1}{2}(C_M - L_M - C_Y L_Y) Q_G \tag{6-3}$$

式中：B_{13}——诱发运输量的运费节约效益,万元/年；

C_M——无项目时,各种可行的方式中最小的单位运输费用,元/吨千米（元/人千米）；

L_M——与 C_M 相应的运输距离,千米；

Q_G——诱发的运输量,万吨/年（万人次/年）。

（2）运输时间节约效益

①旅客时间节约效益分别按正常客运量和转移客运量中的生产人员数计算。计算时,考虑节约的时间只有一半用于生产目的。

a.按正常客运量计算：

$$B_{211} = \frac{1}{2} b T_n Q_{np} \tag{6-4}$$

式中：B_{211}——按正常客运量计算的旅客时间节约效益,万元/年；

b.按转移客运量计算:

$$B_{212}=\frac{1}{2}bT_ZQ_{ZP} \tag{6-5}$$

式中:B_{212}——按转移客运量计算的旅客时间节约效益,万元/年;

b——旅客单位时间价值(按人均国民收入计算),元/小时;

T_Z——节约的时间,小时/人;$T_Z=T_O-T_Y$(T_O 为其他线路上的旅行时间);

Q_{ZP}——转移客运量中的生产人员数,万人次/年。

②运输工具的时间节约。运输工具的时间节约是指运输工具在运输枢纽(车站、港口、机场)中因减少停留时间而产生的效益,其具体计算方法应按不同项目的特点确定。计算公式为:

$$B_{22}=qC_{SF}T_{SF} \tag{6-6}$$

式中:B_{22}——运输工具的时间节约效益,万元/年;

q——运输工具数量,万车(艘、架、台);

C_{SF}——运输工具每天维持费用,元/车(艘、架、台)天;

T_{SF}——运输工具全年缩短停留时间,天。

③缩短货物在途时间效益。计算公式为:

$$B_{23}=\frac{PQT_si_s}{365\times24} \tag{6-7}$$

式中:B_{23}——缩短货物在途时间效益,万元/年;

P——货物的影子价格;

Q——运输量,万吨/年;

T_s——缩短的运输时间,小时;

i_s——社会折现率。

计算该项效益时,应从运输量中扣除那些不因在途时间而影响正常储备的货物,如粮食、煤炭等。

(3)减少拥挤的效益

减少拥挤的效益是指有项目时原有相关线路和设施拥挤程度缓解而产生的效益。其计算公式为:

$$B_3=(C_Z-C_{ZY})L_Z(Q_Z-Q_n) \tag{6-8}$$

式中:B_3——减少拥挤的效益,万元/年;

C_{ZY}——有项目时原有相关线路及设施的单位运输费用,元/吨千米;

Q_{Zn}——原有相关线路的正常运输量。

(4)提高交通安全的效益

$$B_4=P_{SH}(J_w-J_Y)M \tag{6-9}$$

式中:B_4——提高交通安全的效益,万元;

P_{SH}——交通事故平均损失费,元/次;

J_w,J_Y——分别为无项目和有项目时的事故率,次/万车千米;

M——交通量(万车千米、万换算吨千米)。

（5）提高运输质量的效益

计算公式为：

$$B_5 = aPQ \qquad (6-10)$$

式中：B_5——提高运输质量的效益，万元/年；

　P——货物的影子价格，元/吨；

　Q——运输量，万吨/年；

　a——货损降低率，即无项目和有项目时的货物损耗率之差，％。

（6）包装费用节约效益

包装费用节约效益是指由于运输条件改善，可以实行散装运输、成组运输或集装箱运输，或提供其他方便条件，从而避免或减少包装费用的效益。其计算公式为：

$$B_6 = V_P Q_C \qquad (6-11)$$

式中：B_6——包装费用节约效益，万元/年；

　V_P——每吨袋装货或件装货包装物的平均价格，元/吨；

　Q_C——有项目时，货运量中袋装货或件装货改为散装运输或集装箱运输的货物数量，万吨/年。

以上这些效益均按影子价格计算。

从上面评价运输项目的经济效益的定性、定量分析中，发现运输项目评价经济效益的特点，与其他物质生产部门或行业不同，不是以纯产值的多少为经济效益的高低，而是以节约额的多少为经济效益的优劣。这是由于运输业固有的特点所产生的。运输业的产品是位移品。基于这一特点，在满足社会对运输需求的前提下，所发生的运输工作量越节约，就意味着对社会的经济效益越高；反过来说，如果生产多余的运输产品，对社会来说就是浪费。这就是运输项目以节约额来评价经济效益的理由。

总而言之，费用与效益分析的实质，在于将运输建设项目的费用与其效益进行比较，从而判断该项目是否合算。在比较时费用与效益必须有相同的可比基础，而且要将不同时间（年度）所发生的费用和效益，分别按相同的折现率，换算成同一时点上的费用和效益，然后才可比较。

第三节　项目国民经济评价参数

进行项目国民经济评价，特别是国民经济评价，不仅要编制评价方法，而且必须与之相配套的各类评价参数。国民经济评价参数包括社会折现率、影子汇率、影子工资、货物影子价格和土地影子价格等。

测定、发布项目国民经济评价参数是一项极其复杂的社会系统工程，需要大量信息资料的支持，需要计划、统计、财政、银行、物价、外贸、外汇、海关、税务和各相关部门的密切配合，才能逐步完善起来。项目国民经济评价参数一般由国家统一测定、公布；至于某些项目特殊需要，且影响并不很大的影子价格，还是需要项目评价人员按照规定的定价原则自行测算。

一、社会折现率

社会折现率是指建设项目国民经济评价中衡量经济内部收益率的基准值，也是计算项目经济评价净现值的折现率,是项目经济可行性和方案比选的主要判据。

社会折现率在项目国民经济评价中的这种使用,使得它具有双重职能,即作为项目费用效益的不同时间价值之间的折算率,同时作为项目经济效益要求的最低经济收益率。作为基准收益率,社会折现率的取值高低直接影响项目经济可行性的判断结果。社会折现率如果取值过低,将会使得一些经济效益不好的项目投资得以通过,经济评价不能起到应有的作用。社会折现率取值提高,会使一部分可以通过评价的项目因达不到判别标准而被舍弃,从而间接起到调控投资规模的作用。

对于不同类型的具体项目,应当视项目性质采取不同的社会折现率,比如交通运输项目的社会折现率比水利工程项目要高。

二、影子汇率

影子汇率是指能正确反映国家外汇经济价值的汇率。建设项目国民经济评价中,项目的进口投入物和出口产出物,应采用影子汇率换算系数调整计算进出口外汇收支的价值。在项目国民经济评价中使用影子汇率,是为了正确计算外汇的真实经济价值,影子汇率代表着外汇的影子价格。

影子汇率可通过影子汇率换算系数得出。影子汇率换算系数是指影子汇率与外汇牌价之间的比值。影子汇率应按下式计算:

$$影子汇率 = 外汇牌价 \times 影子汇率换算系数 \tag{6-12}$$

影子汇率的取值,在项目评价中,可以影响项目进出口的抉择。项目投资中使用进口设备或原材料,与国产设备或原材料比较时,如果影子汇率取值较高,进口设备或原材料的社会成本较高,国产设备或原材料的社会成本相对较低,有利于方案选择中选用国产设备或原材料。

三、影子工资

影子工资是指建设项目使用劳动力资源而使社会付出的代价。建设项目国民经济评价中以影子工资计算劳动力费用。影子工资的计算公式为:

$$影子工资 = 劳动力机会成本 + 新增资源消耗 \tag{6-13}$$

式(6-13)中劳动力机会成本是指劳动力在本项目被使用,不能在其他项目中使用而被迫放弃的劳动收益;新增资源消耗是指劳动力在本项目新就业或由其他就业岗位转移来本项目而发生的社会资源消耗,这些资源的消耗并没有提高劳动力的生活水平。

影子工资可以通过影子工资换算系数得到。影子工资换算系数是指影子工资与项目财务分析中的劳动力工资之间的比值,影子工资可按下式计算:

$$影子工资 = 财务工资 \times 影子工资换算系数 \tag{6-14}$$

影子工资应根据项目所在地劳动力就业状况、劳动力就业或转移成本测定。

对于一般的建设项目,工资换算系数定为1,即影子工资的量值等于财务工资。某些特殊项目,在有充分依据的前提下,可根据当地劳动力的充裕程度,以及项目所用劳动力的技术熟练程度,适当提高或降低影子工资。如在就业压力很大的地区,占用大量非熟练劳动力的项目,可以取小于1的影子工资换算系数;而对于占用大量短缺的专业技术人员的项目,可以取大于1的影子工资换算系数。

四、货物影子价格

货物影子价格是指相当于市场交换价格的一种计算价格,它反映货物的真实价值和资源最佳配置的要求。

货物影子价格以直接值和换算系数两种形式给出,既可以直接选用某一适宜的价格,也可把货物的财务价格通过换算系数转换为影子价格。

项目国民经济评价使用影子价格,是为了消除在市场竞争不充分的条件下,价格失真,比价不合理,可能导致评价结论失真。建设项目经济评价需要的影子价格,量大而广,测算方法也不尽相同。确定投入物和产出物的影子价格,首先要区分它们是属于外贸货物还是非外贸货物。区分时应看其主要是影响国家进出口水平还是影响国内的供求关系。如属前者,应划为外贸货物;如属后者,则应划为非外贸货物。然后根据预测的到岸价格、离岸价格乘上影子价格,或根据市场供求关系或按分解成本确定货物影子价格。

五、土地影子价格

土地影子价格是指建设项目使用土地资源而使社会付出的代价。在建设项目国民经济评价中以土地影子价格计算土地费用。土地是重要的经济资源,国家的土地资源是有限的,国家对建设项目使用土地实行政府管制,土地使用价格受到土地管制的影响,可能并不能反映土地的真实价值。项目的经济评价中应当正确地估计土地资源的价值。土地影子价格代表对土地资源的真实价值衡量,在项目的国民经济评价中要正确衡量土地资源的影子价格,提高土地资源的利用效率。其计算公式为:

$$土地影子价格＝土地机会成本＋新增资源消耗 \tag{6-15}$$

式 6-15 中,土地机会成本按拟建项目占用土地而使国民经济为此放弃的该土地"最佳替代用途"的净效益计算;土地改变用途而发生的新增资源消耗主要包括拆迁补偿费、农民安置补助费等。在实践中,土地平整等开发成本通常计入工程建设费用中,在土地影子价格中不再重复计算。

在项目的国民经济评价中,占用土地的机会成本和新增资源消耗应当充分估计。项目占用的土地位于城镇与农村,具有不同的机会成本和新增资源消耗构成,要采用不同的估算方法。土地影子价格应根据项目占用土地所处地理位置、项目情况以及取得方式的不同分别确定。

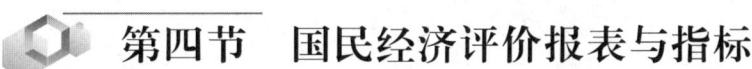

第四节　国民经济评价报表与指标

一、国民经济评价指标

由于国民经济评价主要是指国民经济费用效益分析,所以以经济净现值为主要评价指标。根据项目特点和实际需要,也可计算经济内部收益率和效益费用比等辅助评价指标。此外,还可对难以量化的外部效果进行定性分析。

1.经济净现值

经济净现值($ENPV$)是反映项目对国民经济净贡献的指标。它是指按照社会折现率将项目计算期内各年的净效益流量折算到建设期初的现值之和,是经济费用效益分析的主要评价指标。其计算公式为:

$$ENPV = \sum_{t=1}^{n} (B - C)_t (1 + i_s)^{-t} \tag{6-16}$$

式中:B——经济效益流量;

$\quad C$——经济费用流量;

$\quad (B-C)_t$——第 t 年的经济净效益流量;

$\quad n$——项目计算期;

$\quad i_s$——社会折现率。

经济净现值等于或大于零表示国家为拟建项目付出代价后,可以得到符合社会折现率的社会盈余,或除得到符合社会折现率的社会盈余外,还可以得到以现值计算的超额社会盈余,表明可以接受项目。

2.经济内部收益率

经济内部收益率($EIRR$)是反映项目对国民经济净贡献的效率型指标。它是项目在计算期内各年经济净效益流量的现值累计等于零时的折现率,是经济费用效益分析的辅助评价指标。其计算公式为:

$$\sum_{t=1}^{n} (B - C)_t (1 + EIRR)^{-t} = 0 \tag{6-17}$$

式中:B——经济效益流量;

$\quad C$——经济费用流量;

$\quad (B-C)_t$——第 t 年的经济净效益流量;

$\quad n$——项目计算期。

经济内部收益率等于或大于社会折现率表明项目对国民经济的净贡献达到或超过了要求的水平,这时应认为项目是可以考虑接受的。

3.经济效益费用比

效益费用比(R_{BC})是项目在计算期内效益流量的现值与费用流量的现值的比率,是经济费用效益分析的辅助评价指标。其计算公式为:

$$R_{BC} = \frac{\sum_{t=1}^{n} B_t (1 + i_s)^{-t}}{\sum_{t=1}^{n} C_t (1 + i_s)^{-t}} \tag{6-18}$$

式中:R_{BC}——效益费用比;

$\quad B_t$——计算期中第 t 年的经济效益;

$\quad C_t$——计算期中第 t 年的经济费用。

如果经济效益费用比大于 1,表明资源配置的经济效率达到了可以被接受的水平。

二、国民经济评价报表

国民经济评价的报表一般包括项目投资经济费用效益流量表（见表 6-2）、经济费用效益分析投资费用估算调整表、经济费用效益分析经营费用估算调整表、项目直接效益估算调整表和项目间接费用估算表和项目间接效益估算表等。

表 6-2　项目投资经济费用效益流量表　　　　　　　　单位：万元

序号	项目	合计	计算期				
			1	2	3	...	n
1	效益流量						
1.1	项目直接投资						
1.2	资金余值回收						
1.3	项目间接效益						
2	费用流量						
2.1	建设投资						
2.2	维持运营投资						
2.3	流动资金						
2.4	经营费用						
2.5	项目间接费用						
3	净效益流量						

计算指标：

经济内部收益率：

经济净现值：

· 重要概念 ·

国民经济评价；直接费用；直接效益；间接费用；间接效益；外部效果；社会折现率影子价格；经济净现值；经济内部收益率；经济效益费用比。

练习题

1.国民经济评价的目的和作用是什么？

2.国民经济评价的出发点是什么？国民经济评价有哪些主要参数？

3.什么是项目的间接效益和间接费用？请举例说明。

4.进行国民经济评价时,哪些是转移支付？

5.什么是影子价格？国民经济评价中为什么要使用影子价格体系？

6.什么叫社会折现率？它的作用是什么？

7.简述国民经济评价和财务评价的不同之处。

8.某项目全部投资国民经济评价的各年份实际净现金流量如表 6-4 所示,试计算经济净现值和经济内部收益率(基准收益率为 $i_0=12\%$)。

表 6-4　某项目各年份实际净现金流量　　　　单位:万元

年份	1	2	3	4～10	11
净现金流量	−200	−90	50	100	150

第七章
设备更新技术经济分析

学习要点

1.了解设备的磨损与补偿方式；

2.了解折旧的概念，掌握设备的折旧方法和计算；

3.掌握设备更新的含义和设备寿命；

4.掌握设备经济寿命的计算方法；

5.重点掌握设备更新决策方案的分析决策。

设备从投入使用到最后报废，通常要经历一段较长的时间，在这段时间内，随着设备的使用，会逐渐磨损，当设备因物理损坏或因陈旧落后不能继续使用或不宜继续使用时，就需要进行更新。由于技术进步的速度加快，设备更新的速度也相应加快，生产性企业为了促进技术进步和提高企业的经济效益，需要对整个生产经营期间的技术经济状况进行分析和研究，以做出正确的决策。

第一节　设备的磨损及补偿

要做好设备更新工作，必须首先研究设备的磨损问题。无论是使用中的还是闲置的设备，随着时间的逐渐推移，都会发生磨损。磨损有两种形式，即有形磨损和无形磨损。两种磨损产生的原因及补偿形式各不相同。

一、设备的有形磨损

1.设备有形磨损的概念

有形磨损是指设备的实体发生损坏，也叫物质磨损。根据其产生的原因，一般可以把有形磨损分为以下两种形式。

一种是运转中的机器设备在外力的作用下，其部件会发生摩擦、振动和疲劳，以致使设备的实体发生磨损，这种磨损称为设备使用有形磨损。它通常表现为：设备零部件的原始尺寸发生改变,甚至形状也会发生变化;零部件损坏。设备的有形磨损可使设备运营质量下降,劳动生产率降低。当这种有形磨损达到一定程度时,整个设备的功能就会下降,发生故障,导致设备使用费用剧增,甚至难以继续正常工作,失去工作能力,丧失使用价值。

另一种是自然力的作用造成其设备有形磨损,因此而产生的磨损,称为设备自然有形磨损。如设备零部件的生锈、海水对船体的腐蚀等。这种磨损与设备生产过程的使用无关,甚至在一定程度上会同使用程度成反比。因此,设备闲置或封存不用同样也会产生有形磨损。

设备使用价值的降低或丧失,会使设备的原始价值贬值或基本丧失。要消除设备的有形磨损,使之局部或完全恢复使用价值,必须支出相应的补偿费用,以抵偿相应贬值的部分。

2.设备有形磨损的度量

度量设备有形磨损程度,所采用的是经济指标。设备整体的有形磨损程度 α_p,是在综合单个部件磨损的基础上确定的。

$$\alpha_p = \frac{\sum_{i=1}^{n} \alpha_i k_i}{\sum_{i=1}^{n} k_i} \tag{7-1}$$

式中:α_p——整台设备有形磨损程度;

  k_i——部件 i 的价值;

  n——设备部件的总数;

  α_i——部件 i 的实体磨损程度。

也可用下式表示:

$$\alpha_p = \frac{R}{K_i} \tag{7-2}$$

式中:R——修复全部磨损零部件所用的维修费用;

  K_i——在确定磨损时该种设备的再生产的价值。

二、设备的无形磨损

1.设备无形磨损的概念和成因

无形磨损也称经济磨损或精神磨损,是指由于科学技术进步而使设备的价值降低,发生贬值。与有形磨损不同,无形磨损在实物形态上是看不见的,它不是由在生产过程中的使用或自然力的作用造成的,所以它不表现为设备实体的变化,而表现为设备原始价值的贬值。

根据其产生的原因,设备的无形磨损通常由以下两种形式构成。

第一种无形磨损是由于设备建造工艺不断改进,成本不断降低,劳动生产率不断提高,生产同种类型的设备所需要的社会必要劳动减少了,因而设备的市场价格降低了,这样就使原来购买的设备价值相应贬值了。这种形式的无形磨损的后果只是现有设备的原始价值部分贬值,设备本身的技术特性和功能即使用价值并未发生变化,故不会影响现有设备的使用。

第二种无形磨损是由于技术进步,社会上出现了结构更加先进,技术更完善、生产效率更高、耗费更少的新型设备,而使原有设备在技术上明显陈旧落后造成的。它的后果不仅是原有设备价值降低,而且会使原有设备部分或全部丧失其使用价值。这是因为,虽然原有设备使用期还未达到其物理寿命,能够正常工作,但由于技术上更先进的新设备的发明和应用,使原有设备的生产效率大大低于社会平均生产效率,如果继续使用,就会使运输成本高于社会平均成本。在这种情况下,由于使用新型设备比使用旧设备在经济上更合算,所以原有设备应该被淘汰。

2.设备无形磨损的度量

设备的无形磨损程度可用下式表示:

$$\alpha_d = \frac{K_0 - K_1}{K_0} = 1 - \frac{K_1}{K_0} \tag{7-3}$$

式中:α_d——设备无形磨损程度;

K_0——设备的原始价值;

K_1——等效设备的再生产价值。

在计算无形磨损程度时,K_1必须反映技术进步在两个方面:一是相同设备再生产价值的降低;二是具有较好功能和更高效率的新设备的出现对现有设备的影响。K_1可用下式表示:

$$K_1 = K_n \left(\frac{P_0}{P_n}\right)^\alpha \times \left(\frac{C_n}{C_0}\right)^\beta \tag{7-4}$$

式中:K_n——新设备的价值;

P_0, P_n——使用旧设备与对应新设备的年生产率;

C_0, C_n——使用旧设备与对应新设备的单位运输成本;

α, β——设备生产率提高指数和成本降低指数($0 < \alpha < 1, 0 < \beta < 1$),其值可根据具体设备的实际数据确定。

在上式中,当 $P_0 = P_n$, $C_0 = C_n$,即新旧设备的劳动生产率与使用成本均相同时,$K_1 = K_n$ 表示只发生了第一种无形磨损。

若上式中出现了下述三种情况之一,即表示发生了第二种无形磨损。

(1)$P_0 < P_n$, $C_0 = C_n$,此时 $K_1 = K_n (P_0/P_n)^\alpha$,说明使用新设备与旧设备的单位运输成本相同,但生产效率提高;

(2)$P_0 = P_n$, $C_0 < C_n$,此时 $K_1 = K_n (C_n/C_0)^\beta$,说明使用新设备与旧设备的生产效率相同,但单位运输成本有所下降;

(3)$P_0 < P_n$, $C_0 > C_n$,此时 $K_1 = K_n (P_0/P_n)^\alpha (C_n/C_0)^\beta$,说明使用新设备与旧设备相比,不仅生产效率提高,同时单位运输成本有所下降。

三、设备的综合磨损

设备在使用期内,既要遭受有形磨损,又要遭受无形磨损,所以设备所受的磨损是双重的、综合的。两种磨损都引起设备原始价值的贬值,这一点是相同的。不同的是,遭受有形磨损的设备,特别是有形磨损严重的设备,在修理之前,常常不能工作,而遭受无形磨损的设备,即使无形磨损很严重,仍然可以使用,只不过继续使用它在经济上是否合算,需要分析研究。

设备综合磨损的度量可按如下方法进行:设备遭受有形磨损后的尚余部分(用百分数表示)为$(1 - \alpha_p)$;设备遭受无形磨损后的尚余部分(用百分数表示)为$(1 - \alpha_d)$;设备遭受综合磨损后的尚余部分(用百分数表示)为$(1 - \alpha_p)(1 - \alpha_d)$。

由此可以得出,设备综合磨损程度(用占设备原始价值的比率表示)的计算公式为:

$$\alpha = 1 - (1 - \alpha_p)(1 - \alpha_d) \tag{7-5}$$

式中:α——设备综合磨损程度。

设备在任意时期遭受综合磨损后的净值 K 为:

$$K = (1 - \alpha)K_0 \tag{7-6}$$

整理后得:

$$
\begin{aligned}
K &= (1 - \alpha)K_0 \\
&= [1 - 1 + (1 - \alpha_p)(1 - \alpha_d)]K_0 \\
&= \left(1 - \frac{R}{K_1}\right)\left(1 - \frac{K_0 - K_1}{K_0}\right)K_0 \\
&= K_1 - R
\end{aligned}
\tag{7-7}
$$

从式(7-7)可以看出,设备遭受综合磨损后的净值等于等效设备的再生产价值减去修理费用。

四、设备磨损的补偿方式

为了保证设备的再生产,从而保证社会再生产的进行,对设备的损耗必须及时进行补偿。设备的磨损形式不同,补偿的方式也不一样。补偿可以分为局部补偿和完全补偿。具体的补偿方式有三种,即修理、更新或更换、技术改造,如图7-1所示。

(1)修理。当设备或零件所发生的有形磨损易消除时,则可以通过修理与技术处理,使得磨损得到一定程度的恢复与补偿,这种补偿方式为修理,属于局部补偿。

(2)更新或更换。对于某些设备或零件,所发生的有形磨损不易消除或发生第二种无形磨损时,此时必须更换新的设备与零件,这种磨损的补偿方式为更新或更换,属于完全补偿。

(3)技术改造。当设备或零件的磨损属于第二种无形磨损时,即有更先进、更可靠的设备来取代原有设备时,需要采用现代化改装或技术改造的方法来进行无形磨损的补偿,属于局部补偿。

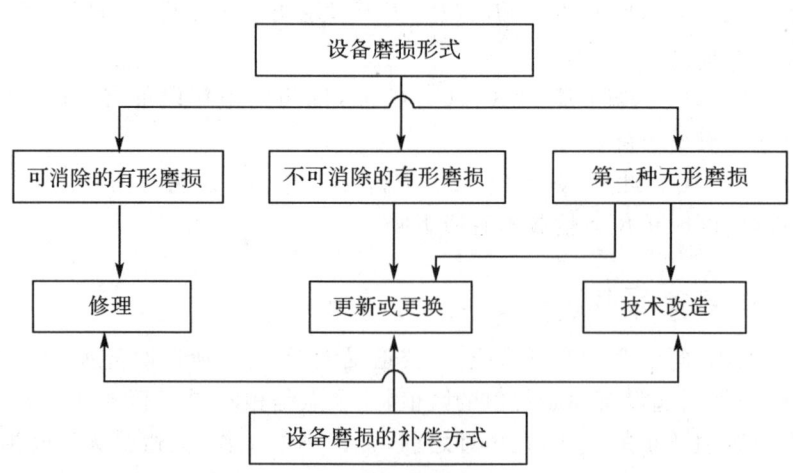

图 7-1 设备磨损的补偿方式

以上三种磨损的补偿方式是相辅相成的,并没有绝对的界限,例如在进行设备的修理时,对其中的一些易耗品,磨损程度严重的零件则需要更新,如果有更加先进、耐用、经济的新零件时,也可考虑对这些零件进行技术改造。同样,当对设备进行更新时,一般是指对设备的核心部件与重要部件进行更新,而对旧设备中的部分零部件还可以通过修理继续使用。对于给定的设备或零件,究竟采用哪一种方式进行补偿,需要根据磨损的性质与程度采用经济评价的方法来确定。

第二节　折　旧

设备在生产过程中不断遭到磨损,逐渐将其价值转移到产品成本中去,作为构成产品成本的一部分。通常把设备逐渐转移到产品中去并相等于其损耗的那部分价值叫作设备折旧。从产品销售收入中相应收回的这部分资金,称为设备的基本折旧基金。此基金的形成使设备损耗的价值得到补偿,实物上进行更新,这是实现企业再生产过程的重要保证。

一、计算折旧的依据

1.原值

计算折旧的依据或基数是固定资产原值,大致可分为以下几种类型。

(1)用基本建设拨款购建的固定资产,以建设单位交付使用的财产明细中确定的固定资产价值为原值;

(2)用专项拨款、专用基金和专项贷款购建的固定资产,以实际购建成本为原值;

(3)有偿调入的固定资产,以调拨价格或双方协议价格,加上包装费、运杂费和安装费后的价值为原值;

(4)无偿调入的固定资产,按调出单位的账面价值减去原来的安装成本,加上调入单位安装成本后价值为原值。

2.固定资产残值

固定资产残值是指固定资产使用期终了时估计还会有的残余价值,在计算折旧时,无论用何种折旧方法,都不对残值以下的资产价值进行折旧,即必须把固定资产净残值(固定资产残值－清理费用)从固定资产原值中扣除。各类固定资产的净残值比例,在原价 3%～5% 的范围内,由各企业主管部门确定,报同级政府部门备案。

3.折旧年限

计算固定资产折旧的年限,应根据各类固定资产实物磨损和自然磨损的价值大小确定。对于技术发展较快的设备和大型精密仪器等,可适当考虑无形损耗的因素。固定资产的折旧年限应按国家或主管部门规定加以确定。

二、设备折旧及其计算方法

折旧就是减去残值后在使用期内进行分摊的资产原值。设备折旧的计算方法有很多种,如直线折旧法、年数累加折旧法、双倍余额递减折旧法等。各种折旧法中最简单、最常用的方法就是直线折旧法。

1.直线折旧法

用直线折旧法计算出的折旧费额是一个常数,折旧费总额($P-S$)除以使用期 N ,可得出年折旧费。计算公式如下:

$$年折旧费=\frac{1}{N}(P-S) \tag{7-8}$$

式中:P——固定资产原值;

S——固定资产残值;

N——折旧年限。

例 7-1:某船舶资产原值为 4 000 万元,使用期为 5 年,使用期末残值为 200 万元,试求各年的折旧费。

解:年折旧费为:

$$
\begin{aligned}
年折旧费 &=\frac{1}{N}(P-S)\\
&=\frac{1}{5}(4000-200)\\
&=760(万元)
\end{aligned}
$$

2.年数累加折旧法

在使用期内分摊扣除残值的资产原值的方法,称为年数累加折旧法。这种折旧方法与直线折旧法比较,在资产使用期初的折旧额较高,接近资产使用期末时的折旧额必然较低。计算各年折旧费的方法是各年年初所剩余的使用期除以使用期内各年年数的累加值再乘以总折旧额($P-S$)。

$$年折旧费 =(年初剩余使用期／使用期内各年年数累加)(P-S) \tag{7-9}$$

式中, 使用期内各年年数累加$=1+2+3+\cdots+(N-1)+N=\frac{1}{2}N(N+1)$

例 7-2:用年数累加法的折旧过程计算前例的年折旧费。

解:资产原值 $P=4\ 000$(万元);

使用期 $N=5$(年);

使用期残值 $S=200$(万元);

使用期年数总加$=\frac{5}{2}(5+1)=15$(年)。

年	折旧费
1	$\frac{5}{15}(4\ 000-200)=1\ 267$(万元)
2	$\frac{4}{15}(4\ 000-200)=1\ 013$(万元)
3	$\frac{3}{15}(4\ 000-200)=760$(万元)
4	$\frac{2}{15}(4\ 000-200)=507$(万元)

| 5 | $\dfrac{1}{15}(4\,000-200)=253$（万元） |

3.双倍余额递减折旧法

第三种方法是双倍余额递减折旧法,这种方法的折旧率按直线折旧法折旧率的两倍计算,双倍余额折旧的折旧率为$\dfrac{2}{N}$,这是一种典型的加速折旧法。

$$任一年的双倍余额递减折旧费 = \frac{2}{N} \times 账面价值$$

账面价值＝原值－折旧费累积额

于是又有

$$折旧费 = \frac{2}{N}(原值 - 折旧费累积额) \tag{7-10}$$

例 7-3：如果已知某设备资产原值 $P=900$ 万元,使用期 $N=5$ 年,残值 $S=700$ 万元,试求其各年的折旧费。

解：根据双倍余额计算公式,各年的折旧费分别为：

年	折旧费
1	$\dfrac{2}{5}(900-0)=360$（万元）
2	$\dfrac{2}{5}(900-360)=216$（万元）
3	$\dfrac{2}{5}(900-576)=130$（万元）
4	$\dfrac{2}{5}(900-706)=78$（万元）
5	$\dfrac{2}{5}(900-784)=46$（万元）

折旧费总额＝830 万元。

由前面可知,双倍余额递减折旧法不一定能在使用期内完全分摊原值,解决这个问题的办法是采用综合折旧法,即先采用余额递减法折旧,然后再改用直线折旧法,但是这里有个问题,那就是确定工作在什么时候由余额递减法转换到直线折旧法。一般地,人们都想使资产的账面价值尽可能快地减小到它的残值,因此,无论何时,只要直线折旧费大于余额递减折旧费,因而能更快地减少资产账面价值的时候,就把余额递减折旧转为直线折旧。

第三节　设备更新技术经济分析概述

机器设备是工业企业现代化生产的物质基础,也是企业固定资产的重要组成部分。企业生产设备的先进程度直接影响着企业产品的数量、质量和成本等主要指标。因此,企业及时地采用新技术,新工艺等对现有设备进行更新和改造,使生产设备日益趋于成套化、精密化、自动化,将有利于企业提高产品质量,增加产品数量,降低产品消耗,提高经济效益。

一、设备更新概述

设备更新是保持社会再生产正常进行和扩大再生产的必要物质条件,其目的是促进技术进步,在提高经济效益的前提下发展生产。

1.设备更新的含义

从广义上讲,补偿因综合磨损而消耗掉的机器设备,就称之为设备更新。包括设备修理、设备更换(也称更新)和现代化改装(也称设备改造)。

从狭义上讲,设备更新是以结构更加完善、技术更加先进、生产效率更高的新设备去代替物理上不能继续使用,经济上不宜继续使用且又必须退出原生产领域的旧设备。

2.设备寿命

设备更新与设备寿命有密切的关系,也和国家的工业基础、科学技术水平有关。设备寿命是指设备从投入生产开始,经过有形磨损和无形磨损,直到技术上或经济上不宜继续使用,需要进行更新所经历的时间。

(1)设备的物质寿命

设备的物质寿命,又称自然寿命,是指设备以全新状态投入生产开始,经过有形磨损,直到技术上、性能上不能按原有用途继续使用为止的时间。它与设备的维修保养状态有关,并与通过恢复修理延长设备的物质寿命,但随着设备使用时间的延长,设备不断老化,所支出的使用费用(或维修费用)也就逐渐提高。

(2)设备的经济寿命

设备的经济寿命是指设备的全新状态投入生产开始到年平均总费用最低的使用年数。依靠高额的使用费用来维持设备寿命,一般说来在经济上是不合算的。因此,必须以最低年平均总费用来确定设备的使用年限。超过这个年限的,设备虽然可以继续使用,但年平均总费用上升,在经济上不宜继续使用。

(3)设备的技术寿命

设备的技术寿命,又称设备的有效寿命。它是由无形磨损决定的,是指设备以全新状态投入使用开始到由于新技术出现使原有设备因技术落后而被淘汰所经历的时间。科学技术发展越快,设备的技术寿命越短。

(4)设备的折旧寿命

按照国家有关部门规定或企业自行规定的折旧率,按年计算折旧额的累计,等于设备原始价值减残值时所经历的时间,称之为设备的折旧寿命。它一般介于技术寿命或经济寿命与物质寿命之间。

二、设备更新技术经济分析

适时更新设备,既能促进技术进步,加速经济增长,又能节约能源,提高经济效益。为此,介绍几种设备更新的决策方法。

1.无新设备出现下的原型更新

设备的原型更新是指在其整个使用期内没有更先进的设备出现,仍以原型做更新。在没有新设备出现时,设备是否需要更新,主要考虑设备的经济寿命。确定设备合理更新期,即根据设备使用的有关费用来决定是否需要更新。

一台设备的总费用,主要包括设备自身的价值费用和维持费(包括设备维持保养与修理费、能源损耗费等)两部分。设备使用年限愈长,其设备自身的价值的年平均费用就愈少,但这时由于设备日益老化,支出的维持费用就会增多;反之,设备使用年限愈短,虽然各年支出的维持费可以减少,但这时设备自身价值费用的年平均值又会增多。将两项费用合计,其年平均费用总额最低的年限,是年平均总费用最低时的经济寿命,即为设备合理更新期(见图7-2)。

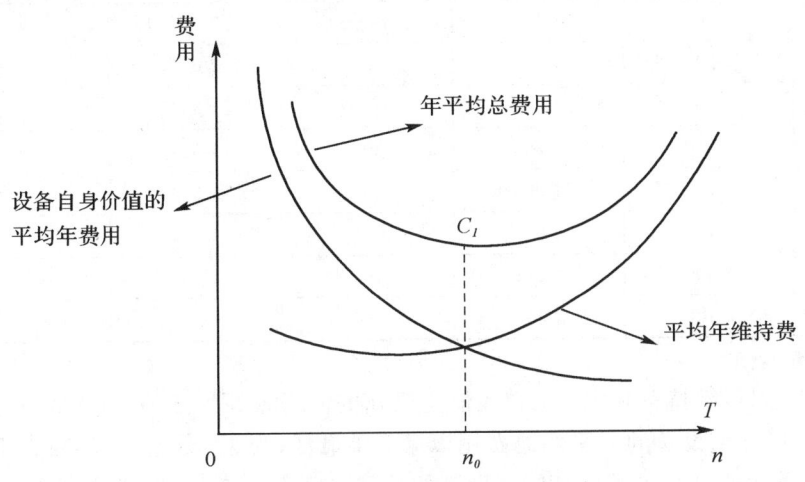

图7-2 年平均总费用最低时的经济寿命

下面分别按不同情况讨论设备使用 n 年后的年平均总费用 $C(n)$。

(1)不考虑资金时间价值。随着设备使用年限的增加,由于有形磨损,年平均维持费逐年增加,而设备自身价值的年平均费用逐年减少。两者之和为使用 n 年后的年平均总费用,即

$$C(n) = \frac{P - S}{n} + \frac{\sum\limits_{t=1}^{n} Q_t}{n} \tag{7-11}$$

式中:Q_t——第 t 年的维持费。

由图7-2可知,在第 n_0 年上的年平均总费用最低,n_0 年就是设备的经济寿命,即最佳更新期。

例7-4:设备的购入价格为10 000元,估计可使用10年。第 t 年的维持费 Q_t 和该年残值 S_t(如表7-1所示),试计算不同使用年限 n 的平均总费用 $C(n)$,并求出设备的经济寿命,即最佳更新期。

解:以列表法计算,见表7-1。

表 7-1　年平均总费用计算表　　　　　　　　　单位:元

使用年限	年维持费	年平均维持费	年末残值	年平均折旧费	年平均总费用
n	Q_t	$\sum_{t=1}^{n} \dfrac{Q_t}{n}$	S_t	$\dfrac{10\,000 - S_t}{n}$	$C(n)$
(1)	(2)	(3)	(4)	(5)	(6)=(3)+(5)
1	1 300	1 300	7 000	3 000	4 300
2	1 450	1 375	5 000	2 500	3 875
3	1 600	1 450	3 500	2 167	3 617
4	1 800	1 538	2 000	2 000	3 538
5	2 050	1 640	1 000	1 800	3 440
6	2 350	1 758	800	1 533	3 291
7	2 750	1 900	600	1 343	3 243 *
8	3 100	2 050	400	1 200	3 250
9	3 600	2 222	200	1 089	3 311
10	4 100	2 410	100	990	3 400

* 最低年平均总费用。

表中第(2)列年维持费和第(4)列残值是已知的。设备原值 P 为 10 000 元。

由表 7-1,可见该设备的年平均总费用以第 7 年最低,为 3 243 元,当年限大于或小于 7 年,年平均总费用均大于 3 243 元,所以,该设备的最佳更新期为 7 年,即经济寿命 $n_0 = 7$。

(2)维持费每年逐增一个定值 q,则设备的经济寿命可用列表法计算,也可用解析法求得。

设备第一年的维持费为 Q,以后逐年增加一个定值 q,第 n 年增加 $(n-1)q$,如图 7-3 所示。

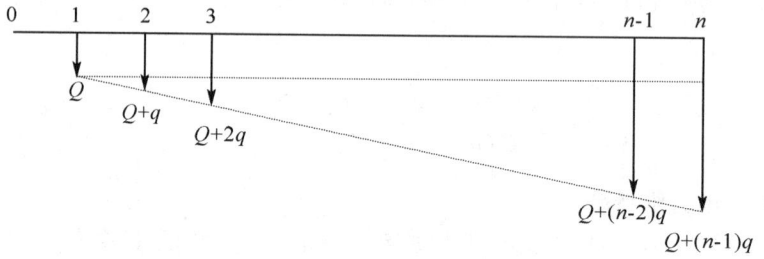

图 7-3　维持费每年定值则增加的经济寿命

则年维持费的平均值为 $Q + \dfrac{(n-1)q}{2}$,设备的自身价值的年平均值为 $\dfrac{P-S}{n}$,所以,设备的年平均总费用为:

$$C(n) = \frac{P-S}{n} + Q + \frac{n-1}{2}q \tag{7-12}$$

若不计设备的残值,则:

$$C(n) = \frac{P}{n} + Q + \frac{n-1}{2}q \tag{7-13}$$

为求 $C(n)$ 值最小的经济寿命期 n_0,可将式(7-13)的 $C(n)$ 对 n 求导,并令其导数等于零:

$$\frac{\mathrm{d}C(n)}{\mathrm{d}n} = -\frac{P}{n^2} + \frac{q}{2} = 0$$

则可解得

$$n_0 = \sqrt{\frac{2P}{q}} \tag{7-14}$$

代回原式可求得经济寿命期的年平均总费用：

$$C(n_0) = Q + \sqrt{2Pq} - \frac{q}{2} \tag{7-15}$$

例 7-5：一台新设备，原值为 1 600 元，无论何时，其残值为 0，设维持费为 400 元，以后每年增加 200 元，试计算该设备的经济寿命及最小平均总费用。

解：
$$n_0 = \sqrt{\frac{2P}{q}} = \sqrt{\frac{2 \times 1\ 600}{200}} = 4(年)$$

$$C(n_0) = Q + \sqrt{2Pq} - \frac{q}{2}$$

$$= 400 + \sqrt{2 \times 1\ 600 \times 200} - \frac{200}{2}$$

$$= 1\ 100(元)$$

（3）考虑资金的时间价值，并以复利计算。在这种情况下，年费用的平均值不是简单的算数平均，而必须用复利公式按时间调整平均，即先把各年的费用折算成现值，求其总和，然后再乘以资金回收系数 $(A/P, i, n)$，得年值即为年平均总费用。

如前所述，年平均总费用是由两部分组成，即年自身价值费用和年维持费。

设 P 为设备的初始投资，S 为设备的残值，n 为设备的使用年限，i 为折现率，则：

年自身价值费用 $= (P - S)(A/P, i, n) + S \times i$ \hfill (7-16)

若设 Q 为设备维持费的初始值，以后每年增加一个定值 q，则：

年维持费 $= Q + q(A/G, i, n)$ \hfill (7-17)

年平均总费用 $C(n) = (P - S)(A/P, i, n) + S \times i + Q + q(A/G, i, n)$ \hfill (7-18)

例 7-6：某设备的初始投资为 5 000 元，使用年限为 10 年，维持费的初始值为 500 元，后各年的维持费每年递增 200 元，残值忽略不计，标准折现率为 6%，试求设备的经济寿命。

解：
$$C(n) = (P - S)(A/P, i, n) + S \times i + Q + q(A/G, i, n)$$
$$= 5\ 000(A/P, 6\%, n) + 500 + 200(A/G, 6\%, n)$$

当 $n = 1$ 年时，$C(1) = 5\ 000(A/P, 6\%, 1) + 500 + 200(A/G, 6\%, 1) = 5800(元)$

当 $n = 2$ 年时，$C(2) = 5\ 000(A/P, 6\%, 2) + 500 + 200(A/G, 6\%, 2) = 3\ 324(元)$

依此类推

$C(3) = 2\ 562.7(元)$；$C(4) = 2\ 228.4(元)$；$C(5) = 2\ 063.8(元)$；

$C(6) = 1\ 983(元)$；$C(7) = 1\ 949.1(元)$；$C(8) = 1\ 944(元)$；

$C(9) = 1\ 957.6(元)$；$C(10) = 1\ 983.9(元)$

由结果可知，第 8 年的年平均总费用最小，该设备的经济寿命为 8 年。

2.出现新设备条件下的更新决策

前面讨论的是设备在使用年限内并不发生过时和陈旧的现象，因为，没有更好的新设备出现,只是由于有形磨损的影响,造成维持费的不断提高,替换原型号设备往往要比继续使用旧设备更为经济,问题归结为求原型号设备的经济寿命。但在技术进步的条件下,由于无形磨损的作用,设备维持费尚未升到该用原型设备替代之前,就已出现工作效率更高和经济上更好的设备,这时,就要比较继续使用旧设备还是购置新设备哪个更经济。

在更新设备比较时,应遵循以下两个原则:

(1)不考虑沉没成本,即在设备比较时,原有设备的价值按实际的价值计算,而不论其过去的价值是多少。

(2)按设备方案的现金流量进行比较时,使用年限必须一致。

例 7-7:某厂 2 年前花 180 000 元购置了一台专用设备,估计还能使用 5 年,最后不计残值,由于技术进步,目前可买到一台效率更高的专业设备,购置费为 270 000 元,但年维持费比旧设备节约 50 000 元,使用寿命为 5 年,最后也不计残值。旧设备由于就地处理只能回收90 000 元,设基准折现率为 6%,问旧设备应否更新?

解:2 年前的 180 000 元应视为沉没成本,在比较时不考虑。旧设备应视为 90 000 元买进,设新设备的年维持费为 x,作现金流量图,如图 7-4 和图 7-5 所示,并以年成本进行方案比较。

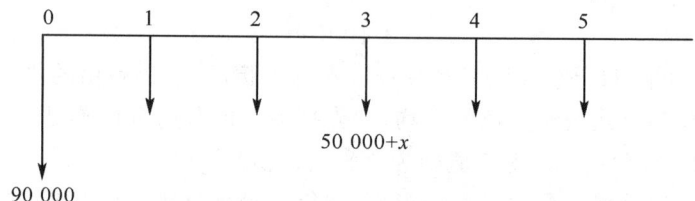

图 7-4　旧设备现金流量图

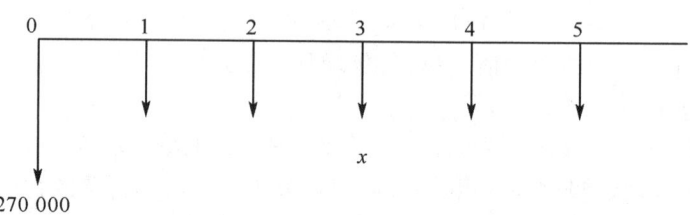

图 7-5　新设备现金流量图

$$AC_{旧}(6\%) = 90\ 000(A/P, 6\%, 5) + x + 50\ 000 = 71\ 366 + x$$

$$AC_{新}(6\%) = 27\ 000(A/P, 6\%, 5) + x = 64\ 098 + x$$

则：　　$$AC_{旧}(6\%) - AC_{新}(6\%) = 71\ 366 + x - (64\ 098 + x) = 7\ 268(元)$$

由计算结果得出,应更新旧设备。

3.技术进步对设备更新的影响

在上面介绍了设备更新的决策方面,一类是只存在有形磨损情况下的更新决策方法;另一类是有形磨损和无形磨损同时存在情况下的更新决策方法。在介绍后一类更新决策方法时,实际上已经涉及了技术进步对设备更新的影响这一问题,即如果由于技术进步而出现的新设备的 $EUAC$(即设备的平均年费用)小于旧设备的 $EUAC$ 时,应当更新,否则保留旧设备。由于它考虑的只是当前的新设备与旧设备之间的比较,而没有对将来的情况进行分析,因此,下面要对技术进步对设备更新的影响做进一步的分析。研究之后就会发现,设备更新问题并不是选择旧设备还是新设备的问题,而是决定是否应当更新,更新的时机到了没有?

在更新分析中所说的"新设备",是指对当前旧设备最有竞争力的替代者。由于技术在不断进步,未来的新设备肯定比目前的新设备更好,但不能因为不断有更好的新设备出现,而不断地更新旧设备,这要受到资金等条件的限制。考虑到将来可能有比现在更好的替代者,今天的更新决策不能不受到影响,也就是说,如果指望在将来换上更好的新设备,肯定会倾向于做出保留老设备、放弃现在更新设备的决策。

在做出更新设备决策之前,要对未来新设备的进步情况做出估计。一是要对未来新设备最低年平均费用做出估计;二是要对未来新设备的生产能力做出估计。未来新设备的最低年平均费用可能是均匀递降的,也可能是突降的,它们的分析方法相同。未来新设备的生产能力与旧设备相同,也可能提高。这些都取决于技术进步的状况,要具体行业具体分析。下面具体来说明技术进步对更新决策的影响。

例 7-8:旧设备的年平均费用情况如表 7-2 所示,当前新设备的使用期限为 6 年,其最低年平均费用为 3 529 元,以后新设备年年有改进,未来新设备的最低年平均费用逐年降低 100 元。试进行更新决策。

表 7-2　旧设备的年平均费用　　　　　　　　　　单位:元

年	1	2	3	4	5
$EUAC_{旧}$	6 120	4 043	3 660	3 691	3 881

解:在项目经营期限无限长的情况下,有 6 种更新方案可供选择:

A:保留旧设备;

B:用现在的新设备代替旧设备;

C:将旧设备保留 1 年,然后用 1 年后的新设备代之;

D:将旧设备保留 2 年,然后用 2 年后的新设备代之;

E:将旧设备保留 3 年,然后用 3 年后的新设备代之;

F:将旧设备保留 4 年,然后用 4 年后的新设备代之。

当然,还可以照此模式保留下去。图 7-6 用框图示意出 B 到 E 五种替代方案。该图表明,在经济寿命同为 6 年的条件下,后 1 年新设备的年平均费用比前 1 年少 100 元。由于方案 C 到 F 是将旧设备保留 1 年或 1 年以上,然后再连续使用新设备 6 年,故根据上面的数据便可以计算这些方案的年平均费用。计算公式如下:

$$EUAC = [EUAC(P/A,8\%,n) + EUAC_{新}(P/A,8\%,6)(P/F,8\%,n)](P/A,8\%,n+6)$$

式中 n 为从现在起老设备的保留年限,如图 7-6 所示。

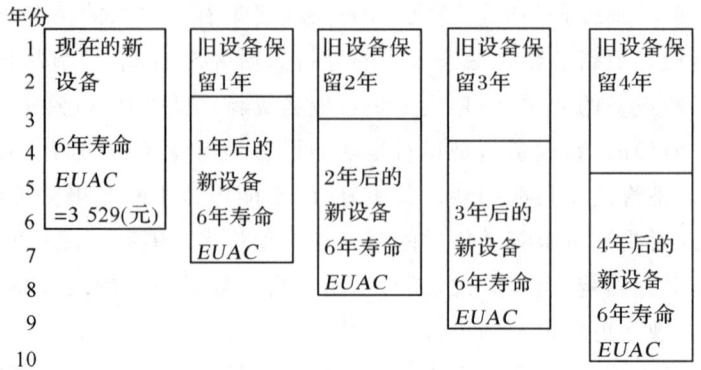

图 7-6　例 7-8 的更新方案

计算结果如下:

方案 A:$EUAC = 3\ 660$(元/年)

方案 B:$EUAC = 3\ 529$(元/年)

方案 C:

$$EUAC = [6\ 120(P/A,8\%,1) + 3\ 429(P/A,8\%,6)(P/F,8\%,1)](P/A,8\%,7)$$
$$= 3\ 909(元/年)$$

方案 D:

$$EUAC = [4\ 043(P/A,8\%,2) + 3\ 329(P/A,8\%,6)(P/F,8\%,2)](P/A,8\%,8)$$
$$= 3\ 550(元/年)$$

方案 E:

$$EUAC = [3\ 660(P/A,8\%,3) + 3\ 229(P/A,8\%,6)(P/F,8\%,3)](P/A,8\%,9)$$
$$= 3\ 407(元/年)$$

方案 F:

$$EUAC = [3\ 691(P/A,8\%,4) + 3\ 129(P/A,8\%,6)(P/F,8\%,4)](P/A,8\%,10)$$
$$= 3\ 406(元/年)$$

现将方案的分析结果归纳如表 7-3 所示。

表 7-3　方案分析结果表

方案	说明	$EUAC$(元/年)
A	保留老设备	3 660
B	现在更换	3 529
C	1 年后更换	3 909
D	2 年后更换	3 550
E	3 年后更换	3 407
F	4 年后更换	3 406

显然,方案 F 最为经济,但此更换分析的结论决不是"将老设备保留 4 年,4 年后再更换",而是"今年不更换",即采纳方案 A。

例 7-8 是在未来新设备与旧设备具有相同生产能力的条件下所进行的分析。事实上,在科学进步条件下,未来新设备的生产能力完全可能提高,甚至大幅提高。当未来新设备与旧设备的生产能力不同时,在分析技术进步对更新决策影响时,可以将其转化为生产能力相同的情况,之后其分析方法同例 7-8。下面举例来说明如何转化。

例 7-9:如未来新设备与旧设备的最低等值年成本 $EUAC$ 分别为 35 000 元和 30 000 元,新设备的效率为旧设备的 1.4 倍。

解:由于新设备效率高,相当于 1.4 台旧设备才能抵上 1 台新设备的生产能力。于是相对旧设备:

$$EUAC_{新} = 35\ 000/1.4 = 25\ 000(元)$$

以 $EUAC_{新} = 25\ 000$ 元来进行计算或与旧设备进行费用比较就相当于新设备的生产能力与旧设备的生产能力相同的情况,这样就完成了转化。

·重要概念·

设备的有形磨损;设备的无形磨损;设备折旧;设备修理;设备现代化改装;设备更新;设备的物质寿命;设备的经济寿命;设备的技术寿命;设备的折旧寿命。

练习题

1.何谓设备的有形磨损和无形磨损?各有何特点?举例说明。

2.举例说明,对设备的补偿方式有哪些?

3.简述设备的四种寿命。

4.设备最优更新期如何确定?

5.设备更新途径有哪些?

6.简述设备更新的经济意义。

7.设备的原始价值为 10 000 元,目前需要修理,其费用为 4 000 元,已知该设备目前再生产价值为 7 000 元,问设备的综合磨损程度是多少?

8.某船舶资产原值为 6 500 万元,使用期为 6 年,使用期末残值为 200 万元,用年数累加折旧法进行折旧,则第 4 年的年折旧费为多少万元?

9.一台新设备原值为 16 000 元,残值为 0,维持费为 5 200 元,以后每年增加 890 元,则该设备的经济寿命是几年?

10.某设备原始价值为 9 200 元,使用寿命为 8 年,已经使用 4 年,当前净值为 5 800 元,估计后 4 年的年维持费为 4 000 元,残值为 1 000 元。现在有一种新设备价格为 14 000 元,年维持费为 4 000 元,使用寿命为 8 年,残值为 3 000 元。如买入新设备,旧设备可以 3 600 元售出。若基准收益率为 15%,判断现在是否应该更换设备。

第八章
投资项目可行性研究

学习要点

1.掌握可行性研究的概念；
2.了解可行性研究的作用；
3.掌握可行性研究的阶段划分；
4.了解可行性研究的内容和步骤。

第一节 可行性研究及其阶段划分

一、可行性研究的概念及产生和发展

可行性研究（Feasibility Study）是指在建设项目投资之前，在深入调查研究和科学预测基础上，综合研究论证投资项目技术上的先进性和适用性，财务上的盈利性，经济上的合理性，以及建设的可能性，从而为项目投资抉择提供科学依据的一种技术经济分析法。

可行性研究最早出现在 20 世纪 30 年代，美国为开发田纳西河流域开始使用，取得了效果，为人们所接受。20 世纪 50 年代初，新的科学技术不断涌现，企业拟采用新技术发展生产，事先必须对该项技术做充分探讨。20 世纪 60 年代初，可行性研究越来越为人们所重视，发展成为在投资前必先做出技术经济等方面的分析和评价。目前，这已成为西方国家在项目投资前的必要工作，有一整套较完善的科学研究程序和方法。

近几十年来，我国逐步重视可行性研究，1981 年国家计委（现为国家发改委）明确规定："把可行性研究作为建设前期工作中一个重要技术经济论证阶段，纳入基本建设中来。"1987年，国家计委（现为国家发改委）正式颁布，并于 1993 年经修订后由国家计委（现为国家发改委）和建设部重新颁布了《建设项目经济评价方法与参数》（第二版），于 2006 年经再次修订后由国家发改委和建设部又重新颁布了《建设项目经济评价方法与参数》（第三版）。这使我国的可行性研究及经济评价工作走上了规范化、科学化的道路，对国民经济建设产生深远影响。

二、可行性研究的作用

可行性研究的任务是根据国民经济长期规划和地区规划、行业规划的要求,对建设项目在技术、工程上是否合理和可行,进行全面分析、论证,做多方案比较,提出可行性研究报告,保证工程建设任务的可靠性和达到预期的经济效益,为编制和审批设计任务书提供可靠的依据。

可行性研究是项目建设前期极其重要的一项工作,是开展投资建设时期工作的基本依据,具有重要的作用,主要体现在以下几个方面。

1.可行性研究是投资决策的依据

可行性研究对拟建项目所做出的评价结论,将用以判定该项目是否可行,从而为项目投资决策提供可靠依据。其主要包括两个方面:一是作为投资者或企业本身决定项目是否建设的依据;二是作为投资主管部门审批该项目的依据。

2.可行性研究是投资项目向银行申请贷款的依据

投资项目的资金来源主要有两个方面:一是自有资金;二是向银行申请贷款,包括国内和国外各种形式贷款。银行在受理贷款申请前,需要对项目的可行性报告组织评价和审查。只有在确认该项目经济效益好、具有偿还能力和不会承担很大风险的情况下,银行才会办理贷款。

3.可行性研究是向有关部门、企业签订协议或合同的依据

根据可行性研究报告,企业或项目主管部门便可同国内的有关部门或企业签订项目所需要的原材料、协作件、能源、基础设施等方面的协议或合同。

对于需要技术引进和进口的项目,必须在可行性报告经过审批后,即在确认项目宏观效益后,并具有外汇偿还能力,国内配套设施能妥善解决以后,才能同外商正式签订协议。

4.可行性研究是下一阶段进行初步设计、施工准备的依据

可行性研究中,对产品设计方案、建设规模、厂址、工艺流程、经济效果评价等进行了比较论证,选择了建设方案,据此,就可作为下一阶段进行项目初步设计、设备订货和施工准备工作的依据。

5.可行性研究是向当地政府及环境保护部门申请建设施工的依据

项目建设施工之前必须经过地方规划部门及环境保护部门审查,其审查依据即为可行性研究报告。主要审查项目对环境保护、三废治理和对城市、区域规划布局的影响,报告中拟定的建设方案是否符合城市或区域规划及当地的环境保护要求等。如果一切均符合或有治理措施,才给予发放建设许可证书。

6.可行性研究是项目企业组织管理工作的依据

可行性研究报告将涉及建设项目的拟建规模和工艺技术设施方案,根据这些内容对企业各生产部门的布局、机构设施设置、劳动定员以及人员技术培训等组织管理工作做出相应的安排。

7.可行性研究是项目建设基础资料的依据

建设项目所需要的基础资料、数据,如地形、地质、水文、气象以及有关的工业性试验等资料,可根据可行性研究的要求,经过勘察、测量以及试验后取得。

8.可行性研究是编制项目实施计划的依据

根据可行性研究中的项目拟建规模、设计方案以及实施进度的建议内容,可编制项目实施计划。

三、可行性研究的阶段划分

一个建设项目从设想、提出、建设直到建成投产的全过程,大体可分为三个时期:建设前期(投资前期)、建设时期(投资时期)和生产时期。可行性研究是建设前期工作的最重要内容。

投资前的可行性研究大致可分为三个阶段,即机会研究、初步可行性研究和详细可行性研究。在研究的深度和精度上应由粗到细、由浅入深、逐步深化地分阶段进行,这种循序渐进的工作程序,既符合对项目调查研究的客观规律,又能达到节省时间、人力、物力和费用的目的,从而取得良好经济效果。

1.机会研究

机会研究的主要任务是为建设项目的投资方向提出建议,即在一个地区或部门内以充分利用现有资源为基础,寻找有利投资机会,并判断投资项目的经济生命力。其目的是通过粗略的论证来引起决策者的兴趣。

这一阶段主要是利用现有资料及经验对投资和成本进行粗略估计,然后在几个投资机会中进行迅速而经济的选择,要求时间短、费用省。时间一般为 1 ~ 2 个月(大中型工程项目),所需费用占投资总额的 0.1% ~ 1%,对投资额及初步效益分析的精确度约为 ±30%。这一阶段的研究比较粗,一般根据相类似的工程项目来估算投资额。机会研究的作用是提供一个可能进行建设的投资项目。

项目机会研究所提供的资料编写中不应花费大笔费用,因为它的主要意图是突出一个可能的工业项目建设的主要投资方面。这种研究的目的是迅速而以少量费用确定有关投资可能性的显著事实。如果进行项目机会研究是要引起投资者的兴趣,那么在投资者做出积极反应时就必须考虑进行初步可行性研究。

2.初步可行性研究

初步可行性研究是对项目的意向做出初步的估计。通过这个可行性研究,主要确定投资机会是否有希望,是否值得进行详细可行性研究,项目实施中是否有一些关键问题需要做深入调查和研究,从而确定项目的初步可行性。

初步可行性研究应看作是项目的机会研究与详细可行性研究的中间阶段。初步可行性研究的内容与下一阶段的研究是相同的,其区别主要在于所得资料的粗细程度不同,初步可行性研究的结构应与详细可行性研究的结构相同。

如果就投资可能性进行了项目机会研究,那么,项目的初步可行性研究阶段往往可以省去。如果关于部门或资源的机会研究包括足够的项目数据可继续进入可行性研究阶段或决定中止这一研究,那么有时也可越过初步可行性研究阶段。初步可行性研究主要解决的问题如下:

确定投资项目是否有生命力并可获得收益,值得进行下一步详细可行性研究;

对投资项目中的关键部分进行专题研究(又叫辅助研究),如市场研究、生产技术研究、厂址研究、经济规模研究等。

初步可行性研究对投资和生产成本的估算精度为±20%,时间为4～6个月,费用为总投资的0.25%～1.5%。

3.详细可行性研究

详细可行性研究就是常说的可行性研究。详细可行性研究的内容和结构与初步可行性研究类似,但更为深入详尽。详细可行性研究是建设项目投资决策的基础,是一个技术经济论证的阶段,必须深入研究各种可能的选择方案,并推荐一个最佳方案。如果最终数据表明项目不可行,则应调整各种参数和生产纲领,调整原材料投入或工艺,以提出可行方案;如果调整后仍不可行,就应在可行性研究报告中明确做出不可行的结论。

详细可行性研究的主要工作目标如下:

(1)提出可行性研究报告,对项目进行全面的评价;

(2)为投资决策提供一个或多个可供选择的方案;

(3)为下一步工程设计和施工提供基础资料和依据。

此阶段的投资和成本的估算精度在±10%,时间为6～8个月,费用中小型项目为1%～3%,大型项目为0.2%～1%。

机会研究、初步可行性研究和详细可行性研究三个阶段不存在必然的因果关系,主要是按照研究的深度的粗略程度划分。在实际研究工作中,根据项目的规模大小和简繁程度,可以进行三段可行性研究,也可以进行两段或一段可行性研究,但详细可行性研究是必不可少的。

我国的可行性研究工作主要分为两个阶段进行,第一阶段是项目建议书阶段,它基本上相当于机会研究和初步可行性研究;第二个阶段是可行性研究报告阶段,相当于详细可行性研究。

第二节　可行性研究的内容

一、项目建议书的主要内容

项目建议书作为投资项目建设程序的一个重要环节,是指项目的投资者根据国民经济和社会发展的长期规划、产业政策、地区规划、技术经济政策,结合资源情况、建设布局等条件,经过调查、预测和分析,向有关部门提出对投资项目的初步设想。

二、可行性研究报告的一般内容

可行性研究的内容,因各类项目的建设用途不同,各有差异,应根据项目的各自特点来决定。就一般的可行性研究而论,其内容如下。

1.总论

(1)项目概况。包括:项目名称、主办单位、承担可行性研究的单位、研究工作的主要依据、工作范围、主要过程。

（2）研究结果概要。

（3）存在的问题和建议。

2.市场研究和拟建规模

（1）国内、外市场需求情况及其发展预测；

（2）国内现有工厂生产能力的估计；

（3）销售预测，价格分析，产品竞争能力，进入国际市场的前景；

（4）拟建项目的规模、产品方案和发展方向的技术经济比较和分析。

3.原材料、燃料及公用设备情况

（1）确定所需的原材料（包括辅助材料、外购件、协作件等）的种类，估算其年需要量及年费用；

（2）确定所需的资源（包括煤、水、电、气等）的种类，估算其年需要量及年费用；

（3）落实所需的原材料及能源（附供应单位的意向书或协议书）；

（4）所需公用设施的数量、供应方式和供应条件。

4.建厂条件和厂址方案

（1）选址范围内的现状、土地种类（水田、菜地、棉田、荒地等）；

（2）建厂区的地理位置，与原料产地、市场的距离，地区环境情况，现有铁路、公路、内河航道、港口码头的运输能力、实际负荷及发展规划情况；

（3）该地区现有供排水、供电、煤气、蒸汽的能力和实际负荷及发展规划情况；

（4）厂址面积及占地范围、布置方案、建设条件、移民搬迁情况和安置规划等的选择方案的论述（附城市规划部门同意选址的证明文件）；

（5）地价、移民及其他工程费用情况；

（6）厂址比较与选择意见。

5.项目技术方案

（1）项目构成范围，包括车间组成、厂内外主体工程和各项辅助工程、各种方案的比较和论证；

（2）生产技术、工艺方案及设备选型等方案的比较和分析，技术设备的来源，主要技术经济指标的确定和计算；

（3）公用、辅助设施方案的选择；

（4）土建工程布置方案的选择，场地整理和开拓，主要建筑物、构筑物的安排，厂外工程；

（5）根据工艺技术、工艺流程、设备种类及数量，确定土建工程的构成和方案，绘制工厂平面布置图、车间平面布置图及建筑工程量估算；

（6）工艺设施和厂内外交通运输方案的分析、比较和选择。

6.环境保护

（1）建厂地区、地点环境状况的调查分析；

（2）预测拟建项目"三废"种类、成分、数量，对环境影响的范围和程度；

（3）治理方案的选择和回收利用情况；

（4）编制审批环境影响报告书（附颁发建设项目环境影响评价资格证书的单位所完成的"环境影响报告书"）。

7.工厂组织机构、管理体制、劳动定员和人员培训

（1）全厂组织机构、管理与生产指挥系统的设置及生产管理体制；

（2）劳动定员的配备方案，包括人员的数量、水平和来源；

（3）制订人员培训规划并估算费用。

8.项目实施计划和进度要求

（1）勘察设计、设备订货与制造、建筑工程施工、安装、生产调试、投产达产所需的时间和进度要求；

（2）整个工程项目的实施方案和进度的选择方案；

（3）论述最佳实施方案的选择，并用线条图或网络图来表示。

9.投资估算和资金筹措

（1）主体工程、辅助工程和协作配套工程所需投资总额的估算；

（2）生产成本及流动资金的估算；

（3）叙述资料来源及依据（附意向书），筹措方式及贷款的偿付方式。

10.财务及经济效果评价

（1）财务评价。评价和分析论证建设项目的盈利能力、清偿能力及生存能力等财务状况。

（2）国民经济评价。评价和分析论证建设项目对国民经济的净贡献，它是考虑项目或方案取舍的主要依据。

11.不确定性分析和风险分析

（1）盈亏平衡分析；

（2）敏感性分析；

（3）概率分析。

12.结论与建议

（1）运用各项数据，从技术、经济、财务各方面论述拟建项目的可行性；

（2）提出存在的问题；

（3）提出合理化建议。

在可行性研究报告中，应当将有关调查研究资料及文件以附件、附图、附表及协议条文等形式附后，以备考查。

三、可行性研究内容的具体分析

由上述可行性研究的一般内容可知，建设项目的可行性研究范围是十分广泛而全面的。但是其中市场需求预测是可行性研究的前提，生产建设条件与技术条件分析是可行性研究的基础，而经济评价是可行性研究的核心和目的。这些是项目建议书和可行性研究报告的主要内容。下面就这几个方面做进一步的分析。

1.市场需求预测

（1）产品需求量预测，包括国内外市场对该产品现时的与潜在需求量的预测，以及对需求量发展变化趋势的预测。

（2）市场占有率预测，即对本项目产品占同类产品市场容量的比重及其发展变化趋势的预测。

（3）产品寿命周期预测，即对本产品的市场需求量处于该类产品市场寿命周期的哪个阶段及其发展变化趋势的预测。

（4）新产品开发预测，即对替代本项目产品的更新换代新产品开发现状及其发展变化趋势的预测。

（5）市场竞争预测，即对国内、外市场生产同类产品的竞争者的生产规模及发展动向的预测，包括竞争者产品性能、质量、价格、市场策略、销售方式、销售渠道、生产能力和盈利水平及竞争实力等。

（6）产品社会拥有量预测，即对本项目产品，特别是所生产的耐用产品，目前社会拥有量及市场需求达到饱和状态的数量和时间的预测。

2.生产和建设条件分析

（1）资源分析

资源是项目建设和生产及其重要的物质基础和保证条件。资源分析需要着重研究以下几个问题：建设和生产所需资源的种类、特性和数量；可供资源的数量、质量和供应年限、开采条件及供应方式；资源的合理利用及综合利用，特别是稀有资源和有限资源的有效利用以及可替代资源的开发前景等。

（2）原材料供应条件分析

原材料包括原料材料和辅助材料，是项目建设和生产正常进行的物质基础和保障。原材料供应条件分析特别是要着重分析和研究原材料供应数量能否满足项目生产能力的需要；质量能否满足生产工艺要求和设计产品功能和质量的要求；大宗原材料能否就地就近供应，以减少运输量和运输距离，节省运输费用，降低产品成本费用；连续生产项目，原材料能否保证连续不断地供应或保证合理的储备量及仓储设施条件等。

（3）燃料和动力条件分析

燃料和动力是项目建设和正常生产极其重要的物质条件和保证。要着重研究合理选择燃料供应来源和供应品种、数量、质量以及运输、储备和仓储等条件；电力供应条件分析，要着重研究最大耗电量、高峰负荷、稳定性、供应量和备用量以及电力网、变电站等设施和条件；工业用水供应条件分析，要着重研究原料用水、工艺用水、锅炉用水等的用水量、水质的要求以及水源地及其供应条件分析，要着重研究供应数量、质量、生产方式、供应方式或协作配合要求等。

（4）交通运输条件分析

交通运输是项目建设和生产正常进行的关键环节，大量的物资供应和产品销售都靠交通运输来完成。项目的交通运输，分厂内运输和厂外运输两类，是工厂总图布置的重要组成部分。交通运输条件的分析，要着重研究各种不同运输方式和运输设施选择的经济合理性和运输效益，实现运输灵活、及时，运距短，运输成本低，装、运、卸、储各环节密切联系和协调配合的目标。

（5）工程地质和水文地质的分析

工程地质和水文地质是厂址选择、大型工程项目施工以及建成后长期生产的重要影响条件。工程地质和水文地质的分析，要着重研究项目建设地质的自然地理、地形地貌、地质构造等是否满足建筑物建造的要求，要严防厂址选择在地震、熔岩、流沙等不良地质构造上或选择在有用矿床、矿坑及易塌陷地带。要研究项目建设地址的地下水位，尽量避免或减少地下水渗漏等防水设施的建造。

（6）厂址选择的分析

厂址选择也称厂址布局，是在地区布局已确定的基础上具体选择确定的建设项目厂址的坐落位置。厂址选择的分析，要着重研究厂址的选定是否符合城市或工矿区建设规划及功能分区的原则；厂区工程地质、水文地质和气象条件等是否符合建厂和工程项目施工的要求；是否符合工厂建设规模和总图布置对厂区形状、占地面积、发展余地以及地形地貌的要求等。选择厂址必须在多方案比较的基础上做出最佳厂址方案选择。

3.技术条件分析

建设项目的技术条件分析，主要是对项目设计方案的工厂布置、项目规模、生产工艺、设备选型、技术参数以及生产过程和操作的机械化与自动化水平等方面的技术选择进行研究、分析和评价。建设项目技术选择的一般原则是：技术的先进性与适用性，经济性与合理性，可靠性与安全性。

（1）工厂布置的分析

工厂布置就是合理布置厂区内的车间、建筑物、构筑物、堆场、栈桥、管线、仓库、动力及运输设施等，妥善处理地上与地下、厂内与厂外设施配置，寻求相互协调、有机结合的建筑群体的规划工作。工厂布置通常分为总平面布置、竖向布置和运输布置三部分，其中总平面布置是核心，竖向布置和运输布置是在总平面布置的基础上进行的。工厂布置的分析，要着重研究工厂总体布置是否符合城市发展和工矿区建设规划的要求；是否体现了合理利用地形地貌与地质条件、因地制宜布置的要求；车间、设备及气体设施的布置，是否符合生产工艺特点，使物料运输距离为最短，并避免交叉与往返运输，以缩短生产周期，节约生产费用的要求，等等。

（2）项目规模的分析

项目规模一般可分为建设规模（又称企业规模）和生产规模（又称经济规模），二者既有联系，又有区别。可行性研究中的项目规模是指项目的建设规模，即企业规模。企业规模通常是指劳动力、劳动资料、劳动对象等生产要素和产品在企业里集中的程度。科学地确定项目建设规模，对于正确选定厂址、合理组织生产和建设都有十分重要的意义。划分企业规模的标志，是以产品年产量表示的反映企业综合生产能力的产量规模。目前我国各行业的企业规模一般划分为特大型、大型、中型和小型四种。

（3）生产工艺的分析

生产工艺是项目经济设计的重要组成部分。生产工艺流程是指原材料投入生产到生产出成品的全部生产加工过程。先进的生产工艺，就是采用先进的生产技术流程、加工设备和制造方法，生产出性能好、质量优、消耗少、成本低的产品或零部件。生产工艺的选择，除了遵循技术的先进性、适用性、经济性、合理性、可靠性、安全性等基本原则外，还要符合以下几个方面的要求：要符合原材料特别是主要原材料的特性；要符合工序间的协调与配合，满足前后工序相衔接的要求等。

（4）设备选型的分析

设备是项目生产产品、实现生产目的的基本手段和工具。设备选型与生产工艺、加工方法有密切的联系，也与产品种类、生产规模等相关。因此，项目的设备选型要依据产品方案、加工方法、工艺流程和生产规模等因素确定。设备选型时要与国情和国力相适应，先进性与适用性和可靠性相结合，做到先进技术、中间技术和一般技术相结合与协调发展。

4.经济评价

建设项目的经济评价是项目可行性研究的重要组成部分和核心内容，是建设项目决策科学化的重要手段和有效工具。经济评价的目的是根据国民经济和社会发展战略以及行业和地区发展规划的要求，在完成市场预测、生产与建设条件分析、建设项目规模确定等工程技术研究的基础上，做出全面的经济评价，为建设项目的决策提供科学的可靠的依据。

建设项目的经济评价，从评价的角度和范围不同可分为财务评价和国民经济评价。一般地讲，财务评价与国民经济评价的结论均可行的项目，应予以通过；反之，应予以否定。某些国计民生急需的项目，如果国民经济评价可行，而财务评价不可行，应重新设计方案，必要时也可向主管部门提出采取相应经济优惠措施的建议，使项目得以具有财务上的生存能力。

第三节　可行性研究的步骤

可行性研究是根据各种调查材料进行分析、比较而得出的。它的论证要以大量数据为基础，因此，在进行可行性研究时，必须收集各种有关的资料和数据作为开展工作的前提和条件。

一、可行性研究报告编制的主要依据

1.国家经济建设的方针、政策和长远规划。这是我国国民经济和社会发展的策略和部署，可行性研究离开这些宏观指导，就不可能衡量其正确的结果。

2.项目建议书或委托单位的设想说明。项目建议书是投资决策前对建设项目的轮廓设想，主要从项目建设的必要性方面来考虑，也初步分析项目建设的可能性。

3.经过国家有关部门同意的资源报告、工业地规划、交通发展战略、河流流域规划等。

4.有关自然、地理、气象、地质、经济、社会等基础资料，这是项目选址、项目设计、技术经济评价必不可少的资料。

5.有关工程技术方面的标准、规范、指标等。

6.中外合资、合作项目各方签订的协议书或意向书。

7.编制可行性研究报告的委托合同。

8.有关项目评价的参数、指标等，如基准收益率、折旧率、调整外汇汇率等。

9.其他有关依据资料。

二、可行性研究的步骤

项目的可行性研究要按一定的程序进行,一般有五个主要阶段或五个步骤。

1.开始筹划

这一阶段做得是否充分,关系到可行性研究是否能达到预期效果。开始筹划阶段有一系列工作要做,如学习有关方针政策和业务。学习方针政策,对明确建设项目的发展方向,对项目方案的选择直接有关。有关人员学习可行性研究的基本业务,能使参加该项工作的有关人员明确任务、发挥作用、高效率地工作。

(1)明确任务。明确建设项目的任务,可以明确可行性研究的范围和深度,明确研究的方法和所需的资料。

(2)确定调查内容和范围。为使可行性研究有充分的科学依据,对建设项目的设计、建造、使用的经济条件、技术条件和社会条件要做充分的调查研究。调查的内容和范围往往和可行性研究的任务分不开。

(3)制订工作计划。工作计划包括确定工作进度、日程安排、分工、调查提纲、工作注意事项等。

2.调查和收集资料

调查和收集资料阶段又称实地调查阶段。这个阶段的主要工作是进行全面的调查和收集资料,以便正确地计算运量,从而为合理选择运输路线、论证港口布局、船型等打下基础。

实地调查的资料,按资料所属单位来分,可分为中央资料、地方资料和企业资料三大类。

实地调查的资料,按内容来分,可分为物资的产销情况及其货流的资料和各运输方式的情况及技术经济指标的情况。

3.资料整理分析

调查所得的资料必须整理加工,才能把零星分散的资料变为分析使用的资料。应将资料按近期及远景,按资料的内容和用途,依次汇编,并编成资料目录。

整理资料时,应注意资料是否科学和实事求是,是否全面,对资料要及时修正和补充。应注意现行运输布局的合理性,考虑远景发展时,避免各种不合理的可能性,选定更为确切合理的资料;注意收集资料的时间和计算口径,以便注意远景规划的可比性。

4.方案的优化及选择

资料收集基本完成后,就要对建设工程项目提出可能的建设方案。这些建设方案技术上是可行的或者是先进的,同时要提出各方案的特点、各方案的优缺点及实施可能性。对各可能方案在经济上是否经济合理,要通过一系列技术经济指标进行比较和论证。比较各方案的经济效果,按照评价经济效果指标体系中的具体指标逐一计算,然后对比分析,从中选择经济效果最佳的方案。

经过分析研究,可以说明所选方案在技术上是可行的,在财务、经济上是有利的,足以证明所选方案是令人满意的最优化方案。

5.可行性研究报告的编写

进行调查研究和对建设项目进行论证分析后的结果,要编写《可行性研究报告》的正式文件。文件要求内容简明扼要,报告的内容、形式、结构都有一定要求,如对交通运输港口项目可行性报告书,可按 2009 年交通运输部颁发的《港口建设项目可行性研究报告和工程可行性研究报告编制方法》进行编写。可行性研究报告提交主管部门审核批准后,才能对建设项目进行初步设计及施工前的准备工作。

在可行性研究中,必须注意资金筹措的可能性及经济效果。如水运建设项目可行性研究报告的编制,可由编制单位根据上级主管部门的要求,组织技术、经济、管理方面的专家和技术、经济干部参加的班子来进行,也可委托科研单位、大专院校等咨询部门企业配合来进行。

· 重要概念 ·

可行性研究。

练习题

1.什么是可行性研究?它的作用是什么?
2.可行性研究的主要内容有哪些?
3.可行性研究可以划分为哪几个阶段?每个阶段的主要任务是什么?
4.可行性研究的步骤是怎样的?

附 录
复利表

（5%）

n	整付公式		等额支付公式				等差支付公式	
	复利因子	现值因子	偿债基金因子	资金回收因子	复利因子	现值因子	等差均匀数列	等差现值因子
	已知 P 求 F	已知 F 求 P	已知 F 求 A	已知 P 求 A	已知 A 求 F	已知 A 求 P	已知 G 求 A	已知 G 求 P
	F / P	P / F	A / F	A / P	F / A	P / A	A / G	P / G
1	1.050 0	0.952 4	1.000 0	1.050 0	1.000 0	0.952 4	0	0
2	1.102 5	0.907 0	0.487 8	0.537 8	2.050 0	1.859 4	0.487 8	0.907 0
3	1.157 6	0.863 8	0.317 2	0.367 2	3.152 5	2.723 2	0.967 5	2.634 7
4	1.215 5	0.822 7	0.232 0	0.282 0	4.310 1	3.546 0	1.439 1	5.102 8
5	1.276 3	0.783 5	0.181 0	0.231 0	5.525 6	4.329 5	1.902 5	8.236 9
6	1.340 1	0.746 2	0.147 0	0.197 0	6.801 9	5.075 7	2.357 9	11.968 0
7	1.407 1	0.710 7	0.122 8	0.172 8	8.142 0	5.786 4	2.805 2	16.232 1
8	1.477 5	0.676 8	0.104 7	0.154 7	9.549 1	6.463 2	3.244 5	20.970 0
9	1.551 3	0.644 6	0.090 7	0.140 7	11.026 6	7.107 8	3.675 8	26.126 8
10	1.628 9	0.613 9	0.079 5	0.129 5	12.577 9	7.721 7	4.099 1	31.652 0
11	1.710 3	0.584 7	0.070 4	0.120 4	14.206 8	8.306 4	4.514 4	37.498 8
12	1.795 9	0.556 8	0.062 8	0.112 8	15.917 1	8.863 3	4.921 9	43.624 1
13	1.885 6	0.530 3	0.056 5	0.106 5	17.713 0	9.393 6	5.321 5	49.987 9
14	1.979 9	0.505 1	0.051 0	0.101 0	19.598 6	9.898 6	5.713 3	56.553 8
15	2.078 9	0.481 0	0.046 3	0.096 3	21.578 6	10.379 7	6.097 3	63.288 0
16	2.182 9	0.458 1	0.042 3	0.092 3	23.657 5	10.837 8	6.473 6	70.159 7
17	2.292 0	0.436 3	0.038 7	0.088 7	25.840 4	11.274 1	6.842 3	77.140 5
18	2.406 6	0.415 5	0.035 5	0.085 5	28.132 4	11.689 6	7.203 4	84.204 3
19	2.527 0	0.395 7	0.032 7	0.082 7	30.539 0	12.085 3	7.556 9	91.327 5
20	2.653 3	0.376 9	0.030 2	0.080 2	33.066 0	12.462 2	7.903 0	98.488 4
21	2.786 0	0.358 9	0.028 0	0.078 0	35.719 3	12.821 2	8.241 6	105.667 3
22	2.925 3	0.341 8	0.026 0	0.076 0	38.505 2	13.163 0	8.573 0	112.846 1
23	3.071 5	0.325 6	0.024 1	0.074 1	41.430 5	13.488 6	8.897 1	120.008 7
24	3.225 1	0.310 1	0.022 5	0.072 5	44.502 0	13.798 6	9.214 0	127.140 2
25	3.386 4	0.295 3	0.021 0	0.071 0	47.727 1	14.093 9	9.523 8	134.227 5
26	3.555 7	0.281 2	0.019 6	0.069 6	51.113 5	14.375 2	9.826 6	141.258 5
27	3.733 5	0.267 8	0.018 3	0.068 3	54.669 1	14.643 0	10.122 4	148.222 6
28	3.920 1	0.255 1	0.017 1	0.067 1	58.402 6	14.898 1	10.411 4	155.110 1
29	4.116 1	0.242 9	0.016 0	0.066 0	62.322 7	15.141 1	10.693 6	161.912 6
30	4.321 9	0.231 4	0.015 1	0.065 1	66.438 8	15.372 5	10.969 1	168.622 6
35	5.516 0	0.181 3	0.011 1	0.061 1	90.320 3	16.374 2	12.249 8	200.580 7
40	7.040 0	0.142 0	0.008 3	0.058 3	120.799 8	17.159 1	13.377 5	229.545 2
45	8.985 0	0.111 3	0.006 3	0.056 3	159.700 2	17.774 1	14.364 4	255.314 5
50	11.467 4	0.087 2	0.004 8	0.054 8	209.348 0	18.255 9	15.223 3	277.914 8
60	18.679 2	0.053 5	0.002 8	0.052 8	353.583 7	18.929 3	16.606 2	314.343 2
70	30.426 4	0.032 9	0.001 7	0.051 7	588.528 5	19.342 7	17.621 2	340.840 9
80	49.561 4	0.020 2	0.001 0	0.051 0	971.228 8	19.596 5	18.352 6	359.646 0
90	80.730 4	0.012 4	0.000 6	0.050 6	1 594.607 3	19.752 3	18.871 2	372.748 8
100	131.501 3	0.007 6	0.000 4	0.050 4	2 610.025 2	19.847 9	19.233 7	381.749 2

(6%)

n	整付公式		等额支付公式				等差支付公式	
	复利因子	现值因子	偿债基金因子	资金回收因子	复利因子	现值因子	等差均匀数列	等差现值因子
	已知 P 求 F	已知 F 求 P	已知 F 求 A	已知 P 求 A	已知 A 求 F	已知 A 求 P	已知 G 求 A	已知 G 求 P
	F / P	P / F	A / F	A / P	F / A	P / A	A / G	P / G
1	1.060 0	0.943 4	1.000 0	1.060 0	1.000 0	0.943 4	0	0
2	1.123 6	0.890 0	0.485 4	0.545 4	2.060 0	1.833 4	0.485 4	0.890 0
3	1.191 0	0.839 6	0.314 1	0.374 1	3.183 6	2.673 0	0.961 2	2.569 2
4	1.262 5	0.792 1	0.228 6	0.288 6	4.374 6	3.465 1	1.427 2	4.945 5
5	1.338 2	0.747 3	0.177 4	0.237 4	5.637 1	4.212 4	1.883 6	7.934 5
6	1.418 5	0.705 0	0.143 4	0.203 4	6.975 3	4.917 3	2.330 4	11.459 4
7	1.503 6	0.665 1	0.119 1	0.179 1	8.393 8	5.582 4	2.767 6	15.449 7
8	1.593 8	0.627 4	0.101 0	0.161 0	9.897 5	6.209 8	3.195 2	19.841 6
9	1.689 5	0.591 9	0.087 0	0.147 0	11.491 3	6.801 7	3.613 3	24.576 8
10	1.790 8	0.558 4	0.075 9	0.135 9	13.180 8	7.360 1	4.022 0	29.602 3
11	1.898 3	0.526 8	0.066 8	0.126 8	14.971 6	7.886 9	4.421 3	34.870 2
12	2.012 2	0.497 0	0.059 3	0.119 3	16.869 9	8.383 8	4.811 3	40.336 9
13	2.132 9	0.468 8	0.053 0	0.113 0	18.882 1	8.852 7	5.192 0	45.962 9
14	2.260 9	0.442 3	0.047 6	0.107 6	21.015 1	9.295 0	5.563 5	51.712 8
15	2.396 6	0.417 3	0.043 0	0.103 0	23.276 0	9.712 2	5.926 0	57.554 6
16	2.540 4	0.393 6	0.039 0	0.099 0	25.672 5	10.105 9	6.279 4	63.459 2
17	2.692 8	0.371 4	0.035 4	0.095 4	28.212 9	10.477 3	6.624 0	69.401 1
18	2.854 3	0.350 3	0.032 4	0.092 4	30.905 7	10.827 6	6.959 7	75.356 9
19	3.025 6	0.330 5	0.029 6	0.089 6	33.760 0	11.158 1	7.286 7	81.306 2
20	3.207 1	0.311 8	0.027 2	0.087 2	36.785 6	11.469 9	7.605 1	87.230 4
21	3.399 6	0.294 2	0.025 0	0.085 0	39.992 7	11.764 1	7.915 1	93.113 6
22	3.603 5	0.277 5	0.023 0	0.083 0	43.392 3	12.041 6	8.216 6	98.941 2
23	3.819 7	0.261 8	0.021 3	0.081 3	46.995 8	12.303 4	8.509 9	104.700 7
24	4.048 9	0.247 0	0.019 7	0.079 7	50.815 6	12.550 4	8.795 1	110.381 2
25	4.291 9	0.233 0	0.018 2	0.078 2	54.864 5	12.783 4	9.072 2	115.973 2
26	4.549 4	0.219 8	0.016 9	0.076 9	59.156 4	13.003 2	9.341 4	121.468 4
27	4.822 3	0.207 4	0.015 7	0.075 7	63.705 8	13.210 5	9.602 9	126.860 0
28	5.111 7	0.195 6	0.014 6	0.074 6	68.528 1	13.406 2	9.856 8	132.142 0
29	5.418 4	0.184 6	0.013 6	0.073 6	73.639 8	13.590 7	10.103 2	137.309 6
30	5.743 5	0.174 1	0.012 6	0.072 6	79.058 2	13.764 8	10.342 2	142.358 8
35	7.686 1	0.130 1	0.009 0	0.069 0	111.434 8	14.498 2	11.431 9	165.742 7
40	10.285 7	0.097 2	0.006 5	0.066 5	154.762 0	15.046 3	12.359 0	185.956 8
45	13.764 6	0.072 7	0.004 7	0.064 7	212.743 5	15.455 8	13.141 3	203.109 6
50	18.420 2	0.054 3	0.003 4	0.063 4	290.335 9	15.761 9	13.796 4	217.457 4
60	32.987 7	0.030 3	0.001 9	0.061 9	533.128 2	16.161 4	14.790 9	239.042 8
70	59.075 9	0.016 9	0.001 0	0.061 0	967.932 2	16.384 5	15.461 3	253.327 1
80	105.796 0	0.009 5	0.000 6	0.060 6	1 746.599 9	16.509 1	15.903 3	262.549 3
90	189.464 5	0.005 3	0.000 3	0.060 3	3 141.075 2	16.578 7	16.189 1	268.394 6
100	339.302 1	0.002 9	0.000 2	0.060 2	5 638.368 1	16.617 5	16.371 1	272.047 1

(8%)

n	整付公式		等额支付公式				等差支付公式	
	复利因子	现值因子	偿债基金因子	资金回收因子	复利因子	现值因子	等差均匀数列	等差现值因子
	已知 P 求 F	已知 F 求 P	已知 F 求 A	已知 P 求 A	已知 A 求 F	已知 A 求 P	已知 G 求 A	已知 G 求 P
	F / P	P / F	A / F	A / P	F / A	P / A	A / G	P / G
1	1.080 0	0.925 9	1.000 0	1.080 0	1.000 0	0.925 9	0	0
2	1.166 4	0.857 3	0.480 8	0.560 8	2.080 0	1.783 3	0.480 8	0.857 3
3	1.259 7	0.793 8	0.308 0	0.388 0	3.246 4	2.577 1	0.948 7	2.445 0
4	1.360 5	0.735 0	0.221 9	0.301 9	4.506 1	3.312 1	1.404 0	4.650 1
5	1.469 3	0.680 6	0.170 5	0.250 5	5.866 6	3.992 7	1.846 5	7.372 4
6	1.586 9	0.630 2	0.136 3	0.216 3	7.335 9	4.622 9	2.276 3	10.523 3
7	1.713 8	0.583 5	0.112 1	0.192 1	8.922 8	5.206 4	2.693 7	14.024 2
8	1.850 9	0.540 3	0.094 0	0.174 0	10.636 6	5.746 6	3.098 5	17.806 1
9	1.999 0	0.500 2	0.0801	0.160 1	12.487 6	6.246 9	3.491 0	21.808 1
10	2.158 9	0.463 2	0.069 0	0.149 0	14.486 6	6.710 1	3.871 3	25.976 8
11	2.331 6	0.428 9	0.060 1	0.140 1	16.645 5	7.139 0	4.239 5	30.265 7
12	2.518 2	0.397 1	0.052 7	0.132 7	18.977 1	7.536 1	4.595 7	34.633 9
13	2.719 6	0.367 7	0.046 5	0.126 5	21.495 3	7.903 8	4.940 2	39.046 3
14	2.937 2	0.340 5	0.041 3	0.121 3	24.214 9	8.244 2	5.273 1	43.472 3
15	3.172 2	0.315 2	0.036 8	0.116 8	27.152 1	8.559 5	5.594 8	47.885 7
16	3.425 9	0.291 9	0.033 0	0.113 0	30.324 3	8.851 4	5.904 6	52.264 0
17	3.700 0	0.270 3	0.029 6	0.109 6	33.750 2	9.121 6	6.203 7	56.588 3
18	3.996 0	0.250 2	0.026 7	0.106 7	37.450 2	9.371 9	6.492 0	60.842 6
19	4.315 7	0.231 7	0.024 1	0.104 1	41.446 3	9.603 6	6.769 7	65.013 4
20	4.661 0	0.214 5	0.021 9	0.101 9	45.762 0	9.818 1	7.036 9	69.089 8
21	5.033 8	0.198 7	0.019 8	0.099 8	50.422 9	10.016 8	7.294 0	73.062 9
22	5.436 5	0.183 9	0.018 0	0.098 0	55.456 8	10.200 7	7.541 2	76.925 7
23	5.871 5	0.170 3	0.016 4	0.096 4	60.893 3	10.371 1	7.778 6	80.672 6
24	6.341 2	0.157 7	0.015 0	0.095 0	66.764 8	10.528 8	8.006 6	84.299 7
25	6.848 5	0.146 0	0.013 7	0.093 7	73.105 9	10.674 8	8.225 4	87.804 1
26	7.396 4	0.135 2	0.012 5	0.092 5	79.954 4	10.810 0	8.435 2	91.184 2
27	7.988 1	0.125 2	0.011 4	0.091 4	87.350 8	10.935 2	8.636 3	94.439 0
28	8.627 1	0.115 9	0.010 5	0.090 5	95.338 8	11.051 1	8.828 9	97.568 7
29	9.317 3	0.107 3	0.009 6	0.089 6	103.965 9	11.158 4	9.013 3	100.573 8
30	10.062 7	0.099 4	0.008 8	0.088 8	113.283 2	11.257 8	9.189 7	103.455 8
35	14.785 3	0.067 6	0.005 8	0.085 8	172.316 8	11.654 6	9.961 1	116.092 0
40	21.724 5	0.046 0	0.003 9	0.083 9	259.056 5	11.924 6	10.569 9	126.042 2
45	31.920 4	0.031 3	0.002 6	0.082 6	386.505 6	12.108 4	11.044 7	133.733 1
50	46.901 6	0.021 3	0.001 7	0.081 7	573.770 2	12.233 5	11.410 7	139.592 8
60	101.257 1	0.009 9	0.000 8	0.080 8	1 253.213 3	12.376 6	11.901 5	147.300 0
70	218.606 4	0.004 6	0.000 4	0.080 4	2 720.080 1	12.442 8	12.178 3	151.532 6
80	471.954 8	0.002 1	0.000 2	0.080 2	5 886.935 4	12.473 5	12.330 1	153.800 1
90	1018.915 1	0.001 0	0.000 1	0.080 1	12 723.938 6	12.487 7	12.411 6	154.992 5
100	2199.761 3	0.000 5		0.080 0	27 484.515 7	12.494 3	12.454 5	155.610 7

(10%)

n	整付公式		等额支付公式				等差支付公式	
	复利因子	现值因子	偿债基金因子	资金回收因子	复利因子	现值因子	等差均匀数列	等差现值因子
	已知 P 求 F	已知 F 求 P	已知 F 求 A	已知 P 求 A	已知 A 求 F	已知 A 求 P	已知 G 求 A	已知 G 求 P
	F / P	P / F	A / F	A / P	F / A	P / A	A / G	P / G
1	1.100 0	0.909 1	1.000 0	1.100 0	1.000 0	0.909 1	0	0
2	1.210 0	0.826 4	0.476 2	0.576 2	2.100 0	1.735 5	0.476 2	0.826 4
3	1.331 0	0.751 3	0.302 1	0.402 1	3.310 0	2.486 9	0.936 6	2.329 1
4	1.464 1	0.683 0	0.215 5	0.315 5	4.641 0	3.169 9	1.381 2	4.378 1
5	1.610 5	0.620 9	0.163 8	0.263 8	6.105 1	3.790 8	1.810 1	6.861 8
6	1.771 6	0.564 5	0.129 6	0.229 6	7.715 6	4.355 3	2.223 6	9.684 2
7	1.948 7	0.513 2	0.105 4	0.205 4	9.487 2	4.868 4	2.621 6	12.763 1
8	2.143 6	0.466 5	0.087 4	0.187 4	11.435 9	5.334 9	3.004 5	16.028 7
9	2.357 9	0.424 1	0.073 6	0.173 6	13.579 5	5.759 0	3.372 4	19.421 5
10	2.593 7	0.385 5	0.062 7	0.162 7	15.937 4	6.144 6	3.725 5	22.891 3
11	2.853 1	0.350 5	0.054 0	0.154 0	18.531 2	6.495 1	4.064 1	26.396 3
12	3.138 4	0.318 6	0.046 8	0.146 8	21.384 3	6.813 7	4.388 4	29.901 2
13	3.452 3	0.289 7	0.040 8	0.140 8	24.522 7	7.103 4	4.698 8	33.377 2
14	3.797 5	0.263 3	0.035 7	0.135 7	27.975 0	7.366 7	4.995 5	36.800 5
15	4.177 2	0.239 4	0.031 5	0.131 5	31.772 5	7.606 1	5.278 9	40.152 0
16	4.595 0	0.217 6	0.027 8	0.127 8	35.949 7	7.823 7	5.549 3	43.416 4
17	5.054 5	0.197 8	0.024 7	0.124 7	40.544 7	8.021 6	5.807 1	46.581 9
18	5.559 9	0.179 9	0.021 9	0.121 9	45.599 2	8.201 4	6.052 6	49.639 5
19	6.115 9	0.163 5	0.019 5	0.119 5	51.159 1	8.364 9	6.286 1	52.582 7
20	6.727 5	0.148 6	0.017 5	0.117 5	57.275 0	8.513 6	6.508 1	55.406 9
21	7.400 2	0.135 1	0.015 6	0.115 6	64.002 5	8.648 7	6.718 9	58.109 5
22	8.140 3	0.122 8	0.014 0	0.114 0	71.402 7	8.771 5	6.918 9	60.689 3
23	8.954 3	0.111 7	0.012 6	0.112 6	79.543 0	8.883 2	7.108 5	63.146 2
24	9.849 7	0.101 5	0.011 3	0.111 3	88.497 3	8.984 7	7.288 1	65.481 3
25	10.834 7	0.092 3	0.010 2	0.110 2	98.347 1	9.077 0	7.458 0	67.696 4
26	11.918 2	0.083 9	0.009 2	0.109 2	109.181 8	9.160 9	7.618 6	69.794 0
27	13.110 0	0.076 3	0.008 3	0.108 3	121.099 9	9.237 2	7.770 4	71.777 3
28	14.421 0	0.069 3	0.007 5	0.107 5	134.209 9	9.306 6	7.913 7	73.649 5
29	15.863 1	0.063 0	0.006 7	0.106 7	148.630 9	9.369 6	8.048 9	75.414 6
30	17.449 4	0.057 3	0.006 1	0.106 1	164.494 0	9.426 9	8.176 2	77.076 6
35	28.102 4	0.035 6	0.003 7	0.103 7	271.024 4	9.644 2	8.708 6	83.987 2
40	45.259 3	0.022 1	0.002 5	0.102 3	442.592 6	9.779 1	9.096 2	88.952 5
45	72.890 5	0.013 7	0.001 4	0.101 4	718.904 8	9.862 8	9.374 0	92.454 4
50	117.390 9	0.008 5	0.000 9	0.100 9	1163.908 5	9.914 8	9.570 4	94.888 9
60	304.481 6	0.003 3	0.000 3	0.100 3	3034.816 4	9.967 2	9.802 3	97.701 0
70	789.747 0	0.001 3	0.000 1	0.100 1	7 887.469 6	9.987 3	9.911 3	98.987 0
80	2 048.400 2	0.000 5		0.100 0	20 474.002 1	9.995 1	9.960 9	99.560 6
90	5 313.022 6	0.000 2		0.100 0	53 120.226 1	9.998 1	9.983 1	99.811 8
100	13 780.612 3	0.000 1		0.100 0	137 796.123 4	9.999 3	9.992 7	99.920 2

(12%)

n	整付公式		等额支付公式				等差支付公式	
	复利因子	现值因子	偿债基金因子	资金回收因子	复利因子	现值因子	等差均匀数列	等差现值因子
	已知 P 求 F	已知 F 求 P	已知 F 求 A	已知 P 求 A	已知 A 求 F	已知 A 求 P	已知 G 求 A	已知 G 求 P
	F / P	P / F	A / F	A / P	F / A	P / A	A / G	P / G
1	1.120 0	0.892 9	1.000 0	1.120 0	1.000 0	0.892 9	0	0
2	1.254 4	0.797 2	0.471 7	0.591 7	2.120 0	1.690 1	0.471 7	0.797 2
3	1.404 9	0.711 8	0.296 3	0.416 3	3.374 4	2.401 8	0.924 6	2.220 8
4	1.573 5	0.635 5	0.209 2	0.329 2	4.779 3	3.037 3	1.358 9	4.127 3
5	1.762 3	0.567 4	0.157 4	0.277 4	6.352 8	3.604 8	1.774 6	6.397 0
6	1.973 8	0.506 6	0.123 2	0.243 2	8.115 2	4.111 4	2.172 0	8.930 2
7	2.210 7	0.452 3	0.099 1	0.219 1	10.089 0	4.563 8	2.551 5	11.644 3
8	2.476 0	0.403 9	0.081 3	0.201 3	12.299 7	4.967 6	2.9131	14.471 4
9	2.773 1	0.360 6	0.067 7	0.187 7	14.775 7	5.328 2	3.257 4	17.356 3
10	3.105 8	0.322 0	0.057 0	0.177 0	17.548 7	5.650 2	3.584 7	20.254 1
11	3.478 5	0.287 5	0.048 4	0.168 4	20.654 6	5.937 7	3.895 3	23.128 8
12	3.896 0	0.256 7	0.041 4	0.161 4	24.133 1	6.194 4	4.189 7	25.952 3
13	4.363 5	0.229 2	0.035 7	0.155 7	28.029 1	6.423 5	4.468 3	28.702 4
14	4.887 1	0.204 6	0.030 9	0.150 9	32.392 6	6.628 2	4.731 7	31.362 4
15	5.473 6	0.182 7	0.026 8	0.146 8	37.279 7	6.810 9	4.980 3	33.920 2
16	6.130 4	0.163 1	0.023 4	0.143 4	42.753 3	6.974 0	5.214 7	36.367 0
17	6.866 0	0.145 6	0.020 5	0.140 5	48.883 7	7.119 6	5.435 3	38.697 3
18	7.690 0	0.130 0	0.017 9	0.137 9	55.749 7	7.249 7	5.642 7	40.908 0
19	8.612 8	0.116 1	0.015 8	0.135 8	63.439 7	7.365 8	5.837 5	42.997 9
20	9.646 3	0.103 7	0.013 9	0.133 9	72.052 4	7.469 4	6.020 2	44.967 6
21	10.803 8	0.092 6	0.012 2	0.132 2	81.698 7	7.562 0	6.191 3	46.818 8
22	12.100 3	0.082 6	0.010 8	0.130 8	92.502 6	7.644 6	6.351 4	48.554 3
23	13.552 3	0.073 8	0.009 6	0.129 6	104.602 9	7.718 4	6.501 0	50.177 6
24	15.178 6	0.065 9	0.008 5	0.128 5	118.155 2	7.784 3	6.640 6	51.692 9
25	17.000 1	0.058 8	0.007 5	0.127 5	133.333 9	7.843 1	6.770 8	53.104 6
26	19.040 1	0.052 5	0.006 7	0.126 7	150.333 9	7.895 7	6.892 1	54.417 7
27	21.324 9	0.046 9	0.005 9	0.125 9	169.374 0	7.942 6	7.004 9	55.636 9
28	23.883 9	0.041 9	0.005 2	0.125 2	190.698 9	7.984 4	7.109 8	56.767 4
29	26.749 9	0.037 4	0.004 7	0.124 7	214.582 8	8.021 8	7.207 1	57.814 1
30	29.959 9	0.033 4	0.004 1	0.124 1	241.332 7	8.055 2	7.297 4	58.782 1
35	52.799 6	0.018 9	0.002 3	0.122 3	431.663 5	8.175 5	7.657 7	62.605 2
40	93.051 0	0.010 7	0.001 3	0.121 3	767.091 4	8.243 8	7.898 8	65.115 9
45	163.987 6	0.006 1	0.000 7	0.120 7	1 358.230 0	8.282 5	8.057 2	66.734 2
50	289.002 2	0.003 5	0.000 4	0.120 4	2 400.018 2	8.304 5	8.159 7	67.762 4
60	897.596 9	0.001 1	0.000 1	0.120 1	74 71.641 1	8.324 0	8.266 4	68.810 0
70	2 787.799 8	0.000 4		0.120 0	23 223.331 9	8.330 3	8.308 2	69.210 3
80	8 658.483 1	0.000 1		0.120 0	72 145.692 5	8.3324	8.324 1	69.359 4
90	26 891.934 2			0.120 0	224 091.118 5	8.333 0	8.330 0	69.414 0
100	83 522.265 7			0.120 0	696 010.547 7	8.333 2	8.332 1	69.433 6

（15%）

n	整付公式		等额支付公式				等差支付公式	
	复利因子	现值因子	偿债基金因子	资金回收因子	复利因子	现值因子	等差均匀数列	等差现值因子
	已知 P 求 F	已知 F 求 P	已知 F 求 A	已知 P 求 A	已知 A 求 F	已知 A 求 P	已知 G 求 A	已知 G 求 P
	F / P	P / F	A / F	A / P	F / A	P / A	A / G	P / G
1	1.150 0	0.869 6	1.000 0	1.150 0	1.000 0	0.869 6	0	0
2	1.322 5	0.756 1	0.465 1	0.615 1	2.150 0	1.625 7	0.465 1	0.756 1
3	1.520 9	0.657 5	0.288 0	0.438 0	3.472 5	2.283 2	0.907 1	2.071 2
4	1.749 0	0.571 8	0.200 3	0.350 3	4.993 4	2.855 0	1.326 3	3.786 4
5	2.011 4	0.497 2	0.148 3	0.298 3	6.742 4	3.352 2	1.722 8	5.775 1
6	2.313 1	0.432 3	0.114 2	0.264 2	8.753 7	3.784 5	2.097 2	7.936 8
7	2.660 0	0.375 9	0.090 4	0.240 4	11.066 8	4.160 4	2.449 8	10.192 4
8	3.059 0	0.326 9	0.072 9	0.222 9	13.726 8	4.487 3	2.781 3	12.480 7
9	3.517 9	0.284 3	0.059 6	0.209 6	16.785 8	4.771 6	3.092 2	14.754 8
10	4.045 6	0.247 2	0.049 3	0.199 3	20.303 7	5.018 8	3.383 2	16.979 5
11	4.652 4	0.214 9	0.041 1	0.191 1	24.349 3	5.233 7	3.654 9	19.128 9
12	5.350 3	0.186 9	0.034 5	0.184 5	29.001 7	5.420 6	3.908 2	21.184 9
13	6.152 8	0.162 5	0.029 1	0.179 1	34.351 9	5.583 1	4.143 8	23.135 2
14	7.075 7	0.141 3	0.024 7	0.174 7	40.504 7	5.724 5	4.362 4	24.972 5
15	8.137 1	0.122 9	0.021 0	0.171 0	47.580 4	5.847 4	4.565 0	26.693 0
16	9.357 6	0.106 9	0.017 9	0.167 9	55.717 5	5.954 2	4.752 2	28.296 0
17	10.761 3	0.092 9	0.015 4	0.165 4	65.075 1	6.047 2	4.925 1	29.782 8
18	12.375 5	0.080 8	0.013 2	0.163 2	75.836 4	6.128 0	5.084 3	31.156 5
19	14.231 8	0.070 3	0.011 3	0.161 3	88.211 8	6.198 2	5.230 7	32.421 3
20	16.366 5	0.061 1	0.009 8	0.159 8	102.443 6	6.259 3	5.365 1	33.582 2
21	18.821 5	0.053 1	0.008 4	0.158 4	118.810 1	6.312 5	5.488 3	34.644 8
22	21.644 7	0.046 2	0.007 3	0.157 3	137.631 6	6.358 7	5.601 0	35.615 0
23	24.891 5	0.040 2	0.006 3	0.156 3	159.276 4	6.398 8	5.704 0	36.498 8
24	28.625 2	0.034 9	0.005 4	0.155 4	184.167 8	6.433 8	5.797 9	37.302 3
25	32.919 0	0.030 4	0.004 7	0.154 7	212.793 0	6.464 1	5.883 4	38.031 4
26	37.856 8	0.026 4	0.004 1	0.154 1	245.712 0	6.490 6	5.961 2	38.691 8
27	43.535 3	0.023 0	0.003 5	0.153 5	283.568 8	6.513 5	6.031 9	39.289 0
28	50.065 6	0.020 0	0.003 1	0.153 1	327.104 1	6.533 5	6.096 6	39.828 3
29	57.575 5	0.017 4	0.002 7	0.152 7	377.169 7	6.550 9	6.154 1	40.314 6
30	66.211 8	0.015 1	0.002 3	0.152 3	434.745 1	6.566 0	6.206 6	40.752 6
35	133.175 5	0.007 5	0.001 1	0.151 1	881.170 2	6.616 6	6.401 9	42.358 6
40	267.863 5	0.003 7	0.000 6	0.150 6	1 779.090 3	6.641 8	6.516 8	43.283 0
45	538.769 3	0.001 9	0.000 3	0.150 3	3 585.128 5	6.654 3	6.583 0	43.805 1
50	1 083.657 4	0.000 9	0.000 1	0.150 1	7 217.716 3	6.660 5	6.620 5	44.095 8
60	4 383.998 7	0.000 2		0.150 0	29 219.991 6	6.665 1	6.653 0	44.343 1
70	17 735.720 0	0.000 1		0.150 0	118 231.466 9	6.666 3	6.662 7	44.415 6
80	71 750.879 4			0.150 0	478 332.529 3	6.666 6	6.665 6	44.436 4
90	290 272.325 2			0.150 0	1 935 142.168 0	6.666 6	6.666 4	44.442 2
100	1 174 313.450 7			0.150 0	7 828 749.671 3	6.666 7	6.666 6	44.443 8

（18％）

n	整付公式		等额支付公式				等差支付公式	
	复利因子	现值因子	偿债基金因子	资金回收因子	复利因子	现值因子	等差均匀数列	等差现值因子
	已知 P 求 F F/P	已知 F 求 P P/F	已知 F 求 A A/F	已知 P 求 A A/P	已知 A 求 F F/A	已知 A 求 P P/A	已知 G 求 A A/G	已知 G 求 P P/G
1	1.180 0	0.847 5	1.000 0	1.180 0	1.000 0	0.847 5	0	0
2	1.392 4	0.718 2	0.458 7	0.638 7	2.180 0	1.565 6	0.458 7	0.718 2
3	1.643 0	0.608 6	0.279 9	0.459 9	3.572 4	2.174 3	0.890 2	1.935 4
4	1.938 8	0.515 8	0.191 7	0.371 7	5.215 4	2.690 1	1.294 7	3.482 8
5	2.287 8	0.437 1	0.139 8	0.319 8	7.154 2	3.127 2	1.672 8	5.231 2
6	2.699 6	0.370 4	0.105 9	0.285 9	9.442 0	3.497 6	2.025 2	7.083 4
7	3.185 5	0.313 9	0.082 4	0.262 4	12.141 5	3.811 5	2.352 6	8.967 0
8	3.758 9	0.266 0	0.065 2	0.245 2	15.327 0	4.077 6	2.655 8	10.829 2
9	4.435 5	0.225 5	0.052 4	0.232 4	19.085 9	4.303 0	2.935 8	12.632 9
10	5.233 8	0.191 1	0.042 5	0.222 5	23.521 3	4.494 1	3.193 6	14.352 5
11	6.175 9	0.161 9	0.034 8	0.214 8	28.755 1	4.656 0	3.430 3	15.971 6
12	7.287 6	0.137 2	0.028 6	0.208 6	34.931 1	4.793 2	3.647 0	17.481 1
13	8.599 4	0.116 3	0.023 7	0.203 7	42.218 7	4.909 5	3.844 9	18.876 5
14	10.147 2	0.098 5	0.019 7	0.199 7	50.818 0	5.008 1	4.025 0	20.157 6
15	11.973 7	0.083 5	0.016 4	0.196 4	60.965 3	5.091 6	4.188 7	21.326 9
16	14.129 0	0.070 8	0.013 7	0.193 7	72.939 0	5.162 4	4.336 9	22.388 5
17	16.672 2	0.060 0	0.011 5	0.191 5	87.068 0	5.222 3	4.470 8	23.348 2
18	19.673 3	0.050 8	0.009 6	0.189 6	103.740 3	5.273 2	4.591 6	24.212 3
19	23.214 4	0.043 1	0.008 1	0.188 1	123.413 5	5.316 2	4.700 3	24.987 7
20	27.393 0	0.036 5	0.006 8	0.186 8	146.628 0	5.352 7	4.797 8	25.681 3
21	32.323 8	0.030 9	0.005 7	0.185 7	174.021 0	5.383 7	4.885 1	26.300 0
22	38.142 1	0.026 2	0.004 8	0.184 8	206.344 8	5.409 9	4.963 2	26.850 6
23	45.007 6	0.022 2	0.004 1	0.184 1	244.486 8	5.432 1	5.032 9	27.339 4
24	53.109 0	0.018 8	0.003 5	0.183 5	289.494 5	5.450 9	5.095 0	27.772 5
25	62.668 6	0.016 0	0.002 9	0.182 9	342.603 5	5.466 9	5.150 2	28.155 5
26	73.949 0	0.013 5	0.002 5	0.182 5	405.272 1	5.480 4	5.199 1	28.493 5
27	87.259 8	0.011 5	0.002 1	0.182 1	479.221 1	5.491 9	5.242 5	28.791 5
28	102.966 6	0.009 7	0.001 8	0.181 8	566.480 9	5.501 6	5.281 0	29.053 7
29	121.500 5	0.008 2	0.001 5	0.181 5	669.447 5	5.509 8	5.314 9	29.284 2
30	143.370 6	0.007 0	0.001 3	0.181 3	790.948 0	5.516 8	5.344 8	29.486 4
31	169.177 4	0.005 9	0.001 1	0.181 1	934.318 6	5.522 7	5.371 2	29.663 8
32	199.629 3	0.005 0	0.000 9	0.180 9	1 103.496 0	5.527 7	5.394 2	29.819 1
35	327.997 3	0.003 0	0.000 6	0.180 6	1 816.651 6	5.538 6	5.448 5	30.177 3
40	750.378 3	0.001 3	0.000 2	0.180 2	4 163.213 0	5.548 2	5.502 2	30.526 9
45	1 716.683 9	0.000 6	0.000 1	0.180 1	9 531.577 1	5.552 3	5.529 3	30.700 6
50	3 927.356 9	0.000 3		0.180 0	21 813.093 7	5.554 1	5.542 8	30.785 6
60	20 555.140 0			0.180 0	114 189.666 5	5.555 3	5.552 6	30.846 5
70	107 582.222 4			0.180 0	597 673.457 6	5.555 5	5.554 9	30.860 3
80	563 067.660 4			0.180 0	3 128 148.113 3	5.555 5	5.555 4	30.863 4

（20%）

n	整付公式		等额支付公式				等差支付公式	
	复利因子	现值因子	偿债基金因子	资金回收因子	复利因子	现值因子	等差均匀数列	等差现值因子
	已知 P 求 F	已知 F 求 P	已知 F 求 A	已知 P 求 A	已知 A 求 F	已知 A 求 P	已知 G 求 A	已知 G 求 P
	F/P	P/F	A/F	A/P	F/A	P/A	A/G	P/G
1	1.200 0	0.833 3	1.000 0	1.200 0	1.000 0	0.833 3	0	0
2	1.440 0	0.694 4	0.454 5	0.654 5	2.200 0	1.527 8	0.454 5	0.694 4
3	1.728 0	0.578 7	0.274 7	0.474 7	3.640 0	2.106 5	0.879 1	1.851 9
4	2.073 6	0.482 3	0.186 3	0.386 3	5.368 0	2.588 7	1.274 2	3.298 6
5	2.488 3	0.401 9	0.134 4	0.334 4	7.441 6	2.990 6	1.640 5	4.906 1
6	2.986 0	0.334 9	0.100 7	0.300 7	9.929 9	3.325 5	1.978 8	6.580 6
7	3.583 2	0.279 1	0.077 4	0.277 4	12.915 9	3.604 6	2.290 2	8.255 1
8	4.299 8	0.232 6	0.060 6	0.260 6	16.499 1	3.837 2	2.575 6	9.883 1
9	5.159 8	0.193 8	0.048 1	0.248 1	20.798 9	4.031 0	2.836 4	11.433 5
10	6.191 7	0.161 5	0.038 5	0.238 5	25.958 7	4.192 5	3.073 9	12.887 1
11	7.430 1	0.134 6	0.031 1	0.231 1	32.150 4	4.327 1	3.289 3	14.233 0
12	8.916 1	0.112 2	0.025 3	0.225 3	39.580 5	4.439 2	3.484 1	15.466 7
13	10.699 3	0.093 5	0.020 6	0.220 6	48.496 6	4.532 7	3.659 7	16.588 3
14	12.839 2	0.077 9	0.016 9	0.216 9	59.195 9	4.610 6	3.817 5	17.600 8
15	15.407 0	0.064 9	0.013 9	0.213 9	72.035 1	4.675 5	3.958 8	18.509 5
16	18.488 4	0.054 1	0.011 4	0.211 4	87.442 1	4.729 6	4.085 1	19.320 8
17	22.186 1	0.045 1	0.009 4	0.209 4	105.930 6	4.774 6	4.197 6	20.041 9
18	26.623 3	0.037 6	0.007 8	0.207 8	128.116 7	4.812 2	4.297 5	20.680 5
19	31.948 0	0.031 3	0.006 5	0.206 5	154.740 0	4.843 5	4.386 1	21.243 9
20	38.337 6	0.026 1	0.005 4	0.205 4	186.688 0	4.869 6	4.464 3	21.739 5
21	46.005 1	0.021 7	0.004 4	0.204 4	225.025 6	4.891 3	4.533 4	22.174 2
22	55.206 1	0.018 1	0.003 7	0.203 7	271.030 7	4.909 4	4.594 1	22.554 6
23	66.247 4	0.015 1	0.003 1	0.203 1	326.236 9	4.924 5	4.647 5	22.886 7
24	79.496 8	0.012 6	0.002 5	0.202 5	392.484 2	4.937 1	4.694 3	23.176 0
25	95.396 2	0.010 5	0.002 1	0.202 1	471.981 1	4.947 6	4.735 2	23.427 6
26	114.475 5	0.008 7	0.001 8	0.201 8	567.377 3	4.956 3	4.770 9	23.646 0
27	137.370 6	0.007 3	0.001 5	0.201 5	681.852 8	4.963 6	4.802 0	23.835 3
28	164.844 7	0.006 1	0.001 2	0.201 2	819.223 3	4.969 7	4.829 1	23.999 1
29	197.813 6	0.005 1	0.001 0	0.201 0	984.068 0	4.974 7	4.852 7	24.140 6
30	237.376 3	0.004 2	0.000 8	0.200 8	1 181.881 6	4.978 9	4.873 1	24.262 8
31	284.851 6	0.003 5	0.000 7	0.200 7	1 419.257 9	4.982 4	4.890 8	24.368 1
32	341.821 9	0.002 9	0.000 6	0.200 6	1 704.109 5	4.985 4	4.906 1	24.458 8
33	410.186 3	0.002 4	0.000 5	0.200 5	2 045.931 4	4.987 8	4.919 4	24.536 8
35	590.668 2	0.001 7	0.000 3	0.200 3	2 948.341 1	4.991 5	4.940 6	24.661 4
40	1 469.771 6	0.000 7	0.000 1	0.200 1	7 343.857 8	4.996 6	4.972 5	24.846 9
45	3 657.262 0	0.000 3	0.000 1	0.200 1	18 281.309 9	4.998 6	4.987 7	24.931 6
50	9 100.438 2	0.000 1		0.200 0	45 497.190 8	4.999 5	4.994 5	24.969 8
60	56 347.514 4			0.200 0	281 732.571 8	4.999 9	4.998 9	24.994 2
70	348 888.956 9			0.200 0	1 744 439.784 7	5.000 0	4.999 8	24.998 9

（25%）

n	整付公式		等额支付公式				等差支付公式	
	复利因子	现值因子	偿债基金因子	资金回收因子	复利因子	现值因子	等差均匀数列	等差现值因子
	已知 P 求 F F/P	已知 F 求 P P/F	已知 F 求 A A/F	已知 P 求 A A/P	已知 A 求 F F/A	已知 A 求 P P/A	已知 G 求 A A/G	已知 G 求 P P/G
1	1.250 0	0.800 0	1.000 0	1.250 0	1.000 0	0.800 0	0	0
2	1.562 5	0.640 0	0.444 4	0.694 4	2.250 0	1.440 0	0.444 4	0.640 0
3	1.953 1	0.512 0	0.262 3	0.512 3	3.812 5	1.952 0	0.852 5	1.664 0
4	2.441 4	0.409 6	0.173 4	0.423 4	5.765 6	2.361 6	1.224 9	2.892 8
5	3.051 8	0.327 7	0.121 8	0.371 8	8.207 0	2.689 3	1.563 1	4.203 5
6	3.814 7	0.262 1	0.088 8	0.338 8	11.258 8	2.951 4	1.868 3	5.514 2
7	4.768 4	0.209 7	0.066 3	0.316 3	15.073 5	3.161 1	2.142 4	6.772 5
8	5.960 5	0.167 8	0.050 4	0.300 4	19.841 9	3.328 9	2.387 2	7.946 9
9	7.450 6	0.134 2	0.038 8	0.288 8	25.802 3	3.463 1	2.604 8	9.020 7
10	9.313 2	0.107 4	0.030 1	0.280 1	33.252 9	3.570 5	2.797 1	9.987 0
11	11.641 5	0.085 9	0.023 5	0.273 5	42.566 1	3.656 4	2.966 3	10.846 0
12	14.551 9	0.068 7	0.018 4	0.268 4	54.207 7	3.725 1	3.114 5	11.602 0
13	18.189 9	0.055 0	0.014 5	0.264 5	68.759 6	3.780 1	3.243 7	12.261 7
14	22.737 4	0.044 0	0.011 5	0.261 5	86.949 5	3.824 1	3.355 9	12.833 4
15	28.421 7	0.035 2	0.009 1	0.259 1	109.686 8	3.859 3	3.453 0	13.326 0
16	35.527 1	0.028 1	0.007 2	0.257 2	138.108 5	3.887 4	3.536 6	13.748 2
17	44.408 9	0.022 5	0.005 8	0.255 8	173.635 7	3.909 9	3.608 4	14.108 5
18	55.511 2	0.018 0	0.004 6	0.254 6	218.044 6	3.927 9	3.669 8	14.414 7
19	69.388 9	0.014 4	0.003 7	0.253 7	273.555 8	3.942 4	3.722 2	14.674 1
20	86.736 2	0.011 5	0.002 9	0.252 9	342.944 7	3.953 9	3.766 7	14.893 2
21	108.420 2	0.009 2	0.002 3	0.252 3	429.680 9	3.963 1	3.804 5	15.077 7
22	135.525 3	0.007 4	0.001 9	0.251 9	538.101 1	3.970 5	3.836 5	15.232 6
23	169.406 6	0.005 9	0.001 5	0.251 5	673.626 4	3.976 4	3.863 4	15.362 5
24	211.758 2	0.004 7	0.001 2	0.251 2	843.032 9	3.981 1	3.886 1	15.471 1
25	264.697 8	0.003 8	0.000 9	0.250 9	1 054.791 2	3.984 9	3.905 2	15.561 8
26	330.872 2	0.003 0	0.000 8	0.250 8	1 319.489 0	3.987 9	3.921 2	15.637 3
27	413.590 3	0.002 4	0.000 6	0.250 6	1 650.361 2	3.990 3	3.934 6	15.700 2
28	516.987 9	0.001 9	0.000 5	0.250 5	2 063.951 5	3.992 3	3.945 7	15.752 4
29	646.234 9	0.001 5	0.000 4	0.250 4	2 580.939 4	3.993 8	3.955 1	15.795 7
30	807.793 6	0.001 2	0.000 3	0.250 3	3 227.174 3	3.995 0	3.962 8	15.831 6
31	1 009.742 0	0.00 10	0.000 2	0.250 2	4 034.967 8	3.996 0	3.969 3	15.861 4
32	1 262.177 4	0.000 8	0.000 2	0.250 2	5 044.709 8	3.996 8	3.974 6	15.885 9
33	1 577.721 8	0.000 6	0.000 2	0.250 2	6 306.887 2	3.997 5	3.979 1	15.906 2
34	1 972.152 3	0.000 5	0.000 1	0.250 1	7 884.609 1	3.998 0	3.982 8	15.922 9
35	2 465.190 3	0.000 4	0.000 1	0.250 1	9 856.761 3	3.998 4	3.985 8	15.936 7
40	7 523.163 8	0.000 1		0.250 0	30 088.655 4	3.999 5	3.994 7	15.976 6
45	22 958.874 0			0.250 0	91 831.496 2	3.999 8	3.998 0	15.991 5
50	70 064.923 2			0.250 0	280 255.692 9	3.999 9	3.999 3	15.996 9
60	652 530.446 8			0.250 0	2 610 117.787 2	4.000 0	3.999 9	15.999 6

参考文献

[1] 刘晓君,李玲燕.技术经济学.3 版.北京:科学出版社,2017.

[2] 国家发展改革委和建设部.建设项目经济评价方法与参数.3 版.北京:中国计划出版社,2006.

[3] 投资项目可行性研究指南编写组.投资项目可行性研究指南.北京:中国电力出版社,2002.

[4] 方勇,王璞.技术经济学.2 版.北京:机械工业出版社,2018.

[5] 傅家骥,仝允桓.工业技术经济学.3 版.北京:清华大学出版社,1996.

[6] 傅家骥,雷家骕,程源.技术经济学前沿问题.北京:经济科学出版社,2003.

[7] 吴添祖,冯勤,欧阳仲健.技术经济学.北京:清华大学出版社,2004.

[8] 钱·S.帕克.工程经济学.5 版.邵颖红,译.北京:中国人民大学出版社,2012.

[9] 陈立文,陈敬武.技术经济学概论.3 版.北京:机械工业出版社,2021.

[10] 邵颖红,黄渝祥.工程经济学概论.4 版.北京:电子工业出版社,2023.

[11] 贾春霖.技术经济学.4 版.长沙:中南大学出版社,2011.

[12] [美]威廉·G.沙利文,[美]埃琳·M.威克斯,[美]C.帕特里克·科林.工程经济学.17 版.北京:清华大学出版社,2020.

[13] 赵刚.国际航运管理.大连:大连海事大学出版社,2006.

[14] 谢新连.船舶运输管理与经营.3 版.大连:大连海事大学出版社,2018.

[15] 关士续.技术与创新研究.北京:中国社会科学出版社,2005.

[16] [美]罗伯特·B.斯图尔特,邱菀华.价值工程方法基础.北京:机械工业出版社,2007.

[17] 雷家骕.技术经济学的基础理论与方法.北京:高等教育出版社,2005.

[18] 陈戈止.技术经济学.北京:高等教育出版社,2013.

[19] 蒋太才,卢宇,龚辉锋,等.技术经济学.北京:清华大学出版社,2021.

[20] 虞晓芬,龚建立,张化尧.技术经济学概论.6 版.北京:高等教育出版社,2022.

[21] 林晓言,陈娟,王红梅,等.技术经济学.2 版.北京:清华大学出版社;北京交通大学出版社,2021.

[22] 吴宗法.技术经济学.北京:清华大学出版社,2018.

[23] 毛良虎.技术经济学.北京:北京大学出版社,2021.

[24] 王宏伟,蔡跃洲,郑世林.技术经济学——理论与方法.北京:经济管理出版社,2023.

[25] 刘秋华.技术经济学.4 版.北京:机械工业出版社,2022.

[26] 陈中柘,李海庆.工程经济学.北京:机械工业出版社,2020.

[27] 徐寿波.技术经济学.北京:经济科学出版社,2012.

[28] 吕靖,李晶,宫晓婵.国际航运经济学.北京:人民交通出版社,2015.